MINISTÈRE DE L'INTÉRIEUR.

RÈGLEMENT GÉNÉRAL

SUR

LES CHEMINS VICINAUX.

PARIS.

IMPRIMERIE NATIONALE.

1870.

©

RÈGLEMENT GÉNÉRAL

LES CHEMINS VICINAUX.

MINISTÈRE DE L'INTÉRIEUR.

RÈGLEMENT GÉNÉRAL

SUR

LES CHEMINS VICINAUX.

PARIS.

IMPRIMERIE NATIONALE.

1870.

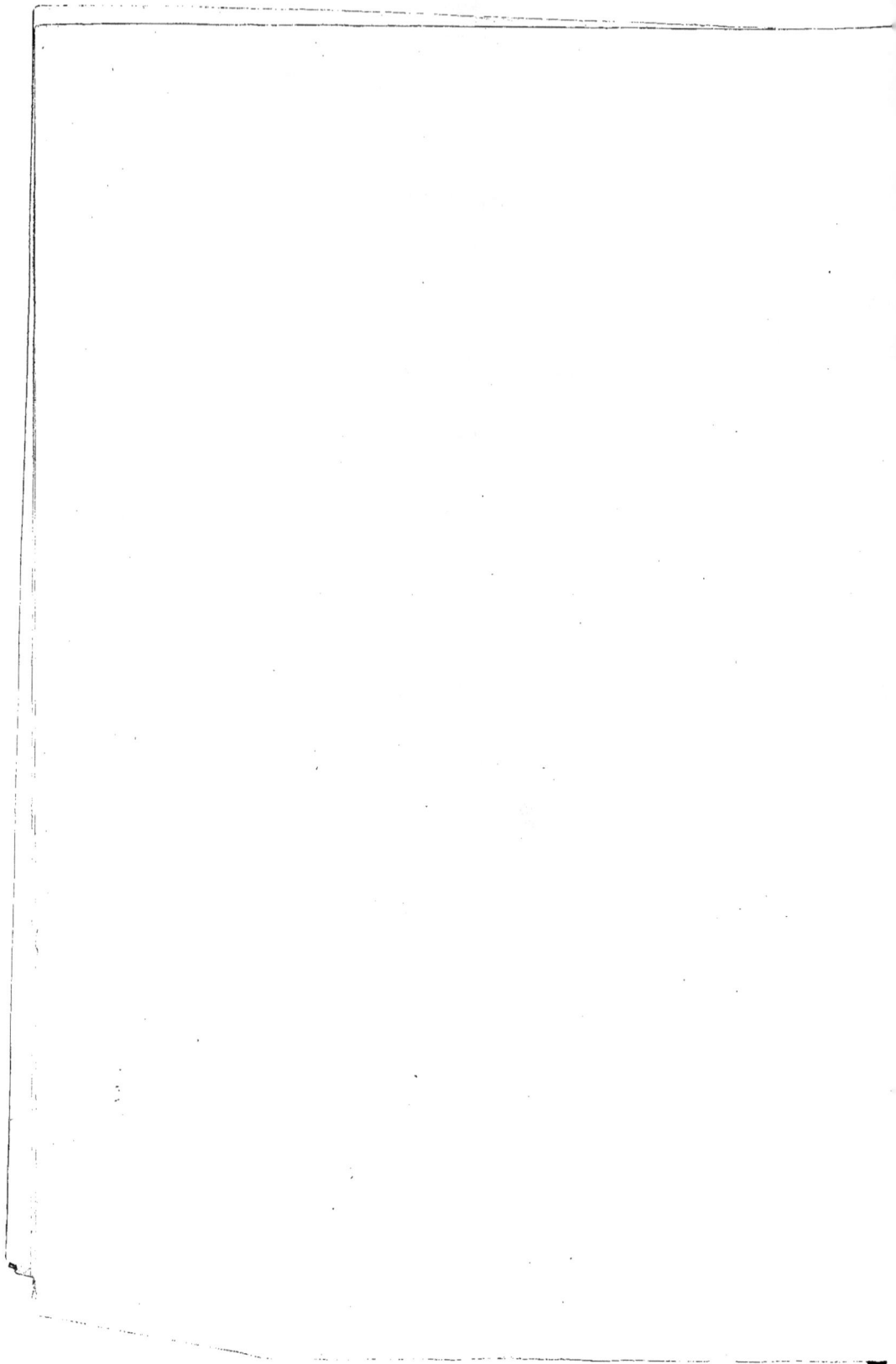

TABLE DES MATIÈRES.

RÈGLEMENT GÉNÉRAL

SUR LES CHEMINS VICINAUX.

TITRE V.

CONSERVATION ET POLICE DES CHEMINS.

RÈGLEMENT GÉNÉRAL

SUR

LES CHEMINS VICINAUX.

Nous, Préfet du département d

Vu l'article 21 de la loi du 21 mai 1836,

Vu la délibération du Conseil général en date du   187

Avons arrêté et arrêtons ce qui suit :

TITRE PREMIER.

FIXATION DE LA LARGEUR DES CHEMINS.

ARTICLE PREMIER.

Le maximum de largeur des chemins vicinaux ordinaires est fixé à   mètres; le maximum de largeur des chemins d'intérêt commun est fixé à   mètres; le maximum de largeur des chemins de grande communication est fixé à   mètres; toutefois ceux de ces chemins qui auront une largeur plus considérable la conserveront jusqu'à ce qu'il en soit autrement ordonné.

ART. 2.

Dans le cas où, pour satisfaire les besoins de la circulation, il y aurait nécessité de dépasser les limites du maximum fixé par l'article précédent, la largeur qu'il conviendra de donner au chemin sera déterminée par nous, après enquête et délibération du conseil municipal.

ART. 3.

Ne sont pas compris dans le maximum fixé par l'article 1er les fossés, parapets, banquettes, murs de soutènement, talus de remblai ou de déblai et les autres ouvrages accessoires existant ou qu'il pourra être nécessaire d'établir en dehors de la voie livrée à la circulation, et dont nous déterminerons les dimensions suivant les besoins. Ces ouvrages font partie intégrante du chemin vicinal auquel ils se rattachent.

TITRE II.

CONFECTION DES RÔLES DE PRESTATION.

ART. 4.

Il sera rédigé pour chaque commune, par le contrôleur des contributions directes, assisté du maire, des répartiteurs et du receveur municipal, un état matrice des contribuables soumis à la prestation.

Pour faciliter la rédaction de cette matrice, le receveur municipal est tenu de garder état de tous les changements survenus dans la situation des contribuables et dont il a connaissance. Il prend note de tous les individus qui, par oubli ou autrement, n'auraient pas été compris dans les matrices précédentes, ainsi que des erreurs signalées par les agents voyers.

ART. 5.

L'ordre des tournées du contrôleur sera réglé par le directeur des contributions directes, qui en informera le préfet. Les maires en seront prévenus à l'avance par les soins de l'Administration des contributions directes pour qu'ils convoquent les répartiteurs en temps utile. Le receveur municipal sera averti par le trésorier-payeur général.

ART. 6.

Si le maire et les répartiteurs refusent de prêter leur concours pour la rédaction de l'état matrice, le contrôleur, assisté du receveur municipal, procédera à la formation de cet état, qui sera, dans ce cas, soumis par le directeur, et avec son avis, à l'approbation du préfet.

Toutes les difficultés relatives à la confection de l'état matrice seront soumises au préfet.

ART. 7.

L'état matrice présentera pour chaque article : 1° les nom et prénoms et le domicile de l'individu sur lequel la cote est assise; 2° le nombre des membres ou serviteurs de la famille, celui des bêtes de trait ou de selle et celui des charrettes ou des voitures attelées qui doivent servir de base à l'imposition.

L'état matrice sera divisé en sections correspondant à celles du cadastre et dressé par ordre alphabétique des noms des contribuables; il sera disposé de manière à pouvoir servir pendant trois ans. Un certain nombre d'articles sera laissé en blanc à la fin de l'état, pour recevoir les additions qui deviendraient nécessaires au moment de chaque révision annuelle.

L'état matrice sera soumis à l'approbation du préfet lors de son renouvellement intégral.

ART. 8.

L'état matrice sera, aussitôt après sa confection ou sa révision, transmis au directeur; il servira de base à la rédaction du rôle que ce dernier devra préparer pour la commune, en raison du nombre de journées votées ou imposées d'office et suivant la notification qu'il en aura reçue du préfet.

ART. 9.

Le rôle présentera, pour chaque article, le montant total en argent de chaque cote et le détail de son évaluation par chaque espèce de journées, d'après l'état matrice et d'après le tarif arrêté par le conseil général du département, conformément aux dispositions du premier paragraphe de l'article 4 de la loi du 21 mai 1836.

Il portera en tète la mention de la délibération du conseil municipal qui aura voté la prestation, ou de l'arrêté du préfet qui aura ordonné une imposition d'office.

Il sera arrêté et certifié par le directeur des contributions directes et rendu exécutoire par le préfet.

Si un rôle supplémentaire est nécessaire, il sera dressé de la même manière que le rôle primitif.

ART. 10.

Indépendamment du rôle, le directeur des contributions directes préparera les avertissements aux contribuables et les remettra au préfet en même temps que le rôle.

Ces avertissements (*modèle n° 4*) comprendront tous les détails portés au rôle; ils indiqueront la date de la délibération du conseil municipal ou de l'arrêté d'imposition d'office du préfet, ainsi que celle de la décision rendant le rôle exécutoire, et contiendront une mise en demeure aux contribuables de déclarer dans le délai d'un mois, à dater de la publication du rôle, s'ils entendent se libérer en nature, avec avis qu'à défaut de déclaration leur cote sera de droit exigible en argent, aux termes de l'article 4 de la loi du 21 mai 1836.

ART. 11.

Le rôle et les avertissements seront transmis au préfet par le directeur, au fur et à mesure de leur rédaction, et de manière que la publication du rôle ait lieu au plus tard le 1er novembre.

ART. 12.

Le préfet enverra ces pièces, par l'intermédiaire du trésorier-payeur général, au receveur municipal.

Ce dernier remettra immédiatement le rôle au maire de la commune, qui devra en faire la publication à l'époque fixée à l'article précédent et dans les formes prescrites pour les rôles des contributions directes. Aussitôt après cette publication, qui sera certifiée par le maire sur le rôle même, le receveur municipal fera parvenir sans frais les avertissements aux contribuables.

ART. 13.

Si le maire négligeait ou refusait de faire la publication du rôle, ainsi que de recevoir les déclarations d'option dont il va être parlé, le préfet y ferait procéder par un délégué spécial, en vertu de l'article 15 de la loi du 18 juillet 1837.

ART. 14.

Les déclarations d'option seront reçues par le maire et inscrites immédiatement, et à leur date, sur un registre spécial (*modèle n° 5*); elles seront constatées soit par la signature du déclarant, soit par une croix apposée par lui en présence de deux témoins, soit par l'annexion au registre du bulletin rempli, daté, signé par le contribuable et envoyé au maire après avoir été détaché de la feuille (*modèle n° 4*).

A défaut de l'accomplissement de ces formalités, la cote sera exigible en argent.

ART. 15.

A l'expiration du délai d'un mois fixé par l'article 10, le registre des déclarations sera clos par le maire, puis transmis au receveur municipal, qui le vérifiera et en annotera les indications dans une colonne spéciale du rôle.

ART. 16.

Dans la quinzaine qui suivra, le receveur municipal dressera et enverra au préfet, pour être transmis au maire, un extrait du rôle comprenant, suivant l'ordre des articles, le nom de chacun des contribuables qui aura déclaré vouloir s'acquitter en nature, ainsi que le nombre des journées d'hommes, d'animaux et de charrois qu'il devra exécuter, et le montant total de sa cote (*modèle n° 6*).

Cet extrait du rôle sera totalisé et certifié exact par le receveur municipal; il comportera le résumé des cotes inscrites au rôle et l'indication du total des cotes exigibles en argent par suite de non-déclaration d'option.

Le receveur municipal joindra à cet extrait un état comprenant, pour chacune des communes de sa perception, le montant total du rôle et sa division en nature et en argent, d'après les déclarations d'option (*modèle n° 7*).

ART. 17.

Les contrôleurs des contributions directes recevront un centime et demi par article pour la rédaction des états matrices et l'examen des réclamations présentées par les contribuables.

Il sera alloué au directeur des contributions directes quatre centimes par article pour la rédaction des rôles de prestation, l'expédition des avertissements et la fourniture des imprimés nécessaires pour ces pièces et pour les états matrices.

Les remises seront acquittées sur les ressources communales, et leur montant sera centralisé à la caisse du trésorier-payeur général, au compte des cotisations municipales.

TITRE III.

EXÉCUTION DES TRAVAUX.

DISPOSITIONS GÉNÉRALES.

ART. 18.

Les travaux des chemins vicinaux de grande communication et d'intérêt commun sont arrêtés et effectués sous l'autorité du préfet; ceux des chemins vicinaux ordinaires sont effectués sous l'autorité des maires.

Les agents voyers sont chargés d'assurer, de surveiller et de constater leur bonne exécution.

L'agent voyer en chef a la direction du service vicinal du département. Tous les agents du service sont sous ses ordres. Il procède lui-même, quand il le juge utile, aux opérations prescrites par le règlement à ses subordonnés. Les agents voyers d'arrondissement ont la même faculté dans leurs arrondissements respectifs. L'agent voyer en chef peut les substituer, pour certaines opérations, aux agents placés sous leurs ordres.

ART. 19.

Aucune dépense en nature ou en argent, quelle qu'en soit l'importance, ne sera admise dans les comptes qu'après avoir été reconnue, vérifiée et certifiée par les agents du service vicinal.

SECTION PREMIÈRE.
PRESTATIONS EN NATURE.

ART. 20.

Les travaux de prestation seront exécutés du   au

Chaque année, un arrêté spécial du préfet fixera l'époque à laquelle les travaux de prestation devront être terminés sur les chemins vicinaux de grande communication et d'intérêt commun.

S'il devenait nécessaire de changer ces époques pour certaines communes, les modifications feraient l'objet d'un arrêté spécial du préfet, rendu sur la demande du maire, l'avis du conseil municipal et du sous-préfet et le rapport des agents voyers.

Les prestations devront être effectuées dans l'année pour laquelle elles ont été votées.

Les fermiers ou colons qui, par suite de fin de bail, devraient quitter la commune avant l'époque fixée pour l'emploi des prestations, pourront être admis à effectuer leurs travaux avant leur départ.

§ 1er. *Prestations à la journée.*

ART. 21.

La durée du travail des prestataires, des bêtes de somme et de trait, est fixée au minimum de   heures par jour, non compris les heures de repas et de repos.

Lorsque les prestataires seront appelés hors des limites de la commune à laquelle ils appartiennent et à plus de   kilomètres, le temps employé, à l'aller et au retour, pour parcourir les distances excédant la limite fixée sera compté comme passé sur l'atelier.

ART. 22.

Le maire et l'agent voyer cantonal se concerteront chaque année, après la publication ou la notification de l'arrêté qui fixe les contingents et après la remise de l'extrait du rôle (*modèle n° 6*) par le receveur municipal, pour déterminer :

1° La répartition des travailleurs entre chaque chemin ;

2° Les jours d'ouverture et de clôture des travaux de prestation pour chaque chantier.

L'agent voyer cantonal dressera pour chaque chemin de grande communication ou d'intérêt commun, pour les chemins vicinaux ordinaires du réseau subventionné et pour ceux du réseau non subventionné, un état (*modèle n° 16*) indiquant les prestataires qui y seront appelés et les travaux qui leur seront demandés. Cet état sera visé par le maire.

ART. 23.

Cinq jours au moins avant l'époque fixée pour l'ouverture des travaux, le maire fera remettre à chaque contribuable soumis à la prestation un bulletin (*modèle n° 17*), signé de lui, portant réquisition de se rendre, muni des outils indiqués, tel jour et à telle heure sur tel chemin.

ART. 24.

Lorsqu'un prestataire sera empêché par maladie ou tout autre motif grave de se rendre sur le chantier, il devra le faire connaître au moins dans les vingt-quatre heures qui précéderont le jour fixé pour l'exécution des travaux.

En ce cas, le maire et l'agent voyer s'entendront pour la remise de la prestation à une autre époque qui sera fixée d'après la nature de l'empêchement.

ART. 25.

Le maire et l'agent voyer désigneront de concert, pour la surveillance spéciale des travailleurs sur chaque chantier, les cantonniers des chemins ou, à leur défaut, toute autre personne présentant des garanties suffisantes.

ART. 26.

L'état d'indication des travaux à faire et des prestataires convoqués (*modèle n° 16*) sera remis au surveillant, qui fera l'appel de ces prestataires sur le lieu indiqué dans le bulletin de réquisition, marquera les absents et tiendra note de l'emploi des journées effectuées.

ART. 27.

Chaque prestataire devra porter sur l'atelier les outils qui lui auront été indiqués dans le bulletin de réquisition.

Les bêtes de somme et les bêtes de trait seront garnies de leurs harnais, les voitures seront attelées et accompagnées d'un conducteur.

Ce conducteur ne sera astreint à travailler avec les autres ouvriers commis au chargement qu'autant que le propriétaire de la voiture serait imposé pour des journées d'homme. Dans ce cas seulement, la journée du conducteur sera comptée en acquit de celles à fournir par le propriétaire.

ART. 28.

Les prestataires pourront se faire remplacer, pour leur personne et celles des membres de leur famille, par des ouvriers à leur gage.

Les remplaçants seront valides, âgés de dix-huit ans au moins et de soixante au plus. Ils devront être agréés par le surveillant des travaux, sauf appel au maire de la commune.

Les prestataires en nom restent responsables du travail de leurs remplaçants.

ART. 29.

Le prestataire devra fournir la journée de prestation tout entière et sans interruption, sauf les cas exceptionnels autorisés par le maire ou l'agent voyer cantonal.

Si le mauvais temps exigeait la fermeture du chantier, il ne sera tenu compte que des journées ou fractions de journées effectuées, et les contribuables seront tenus de compléter plus tard leurs prestations.

ART. 30.

La journée de prestation ne sera réputée acquittée que si le surveillant reconnaît qu'elle a été convenablement employée. Dans le cas contraire, il ne sera tenu compte au prestataire que de la fraction de journée répondant au temps pendant lequel il aura travaillé.

Le surveillant indiquera, à la fin de chaque jour, au dos du bulletin de réquisition, le nombre et l'espèce de journées ou de fractions de journées dont le prestataire devra être acquitté. Il certifiera en même temps cet acquit dans la colonne d'émargement de l'extrait de rôle qui lui aura été remis.

Les difficultés qui pourraient s'élever seront résolues par le maire et l'agent voyer cantonal, et, en cas de désaccord, par le préfet, sur l'avis de l'agent voyer en chef, sauf recours devant l'autorité compétente.

ART. 31.

Lorsque les prestations seront terminées sur un chemin de grande communication ou d'intérêt commun ou sur l'ensemble des chemins vicinaux ordinaires de chaque réseau, le surveillant remettra l'état d'indication émargé (*modèle n° 16*) à l'agent voyer cantonal. Celui-ci fera, en présence du maire, la réception des travaux effectués. Il en inscrira le décompte résumé sur la dernière page, portera le résultat sur son carnet, et adressera l'état à l'agent voyer d'arrondissement, après avoir émargé sur l'extrait de rôle (*modèle n° 6*) les cotes ou parties de cotes acquittées en nature.

L'agent voyer d'arrondissement, après inscription des dépenses faites, transmettra cet état au receveur municipal par l'intermédiaire du receveur des finances. Le receveur municipal émargera sur le rôle général de la commune les cotes et parties de cotes acquittées en nature, totalisera lesdites cotes, et en inscrira le montant en un seul article sur son registre à souche. Il opérera ensuite le recouvrement des journées ou portions de journées restant dues.

Après l'achèvement complet des travaux de prestations de la commune, l'agent voyer cantonal enverra l'extrait de rôle (*modèle n° 6*) émargé à l'agent voyer d'arrondissement, qui le fera remettre au receveur municipal en échange des différents états d'indication adressés à ce comptable pendant l'exécution des travaux.

§ 2. *Prestations à la tâche.*

ART. 32.

Lorsque le conseil municipal d'une commune aura adopté un tarif pour la conversion des journées de prestation en tâches, le préfet, pour les chemins de grande communication et d'intérêt commun, le maire, pour les chemins vicinaux ordinaires, décideront si ce tarif sera appliqué à tout ou partie des travaux de prestation.

Le mairé et l'agent voyer cantonal devront se concerter pour la fixation des délais d'exécution des travaux et pour la répartition des tâches à faire sur chaque chemin par les prestataires.

L'agent voyer cantonal dressera les états d'indication des travaux à effectuer par chaque prestataire (*modèle n° 16*).

ART. 33.

Le maire adressera à chaque contribuable soumis à la prestation en tâches un bulletin de réquisition (*modèle n° 17 bis*) indiquant les travaux à effectuer ou les matériaux à fournir, ainsi que le délai dans lequel ces tâches devront être exécutées. Le détail et l'emplacement des travaux à faire seront inscrits sur le bulletin et indiqués sur le terrain par les soins de l'agent voyer cantonal.

ART. 34.

La réception des travaux en tâches sera faite par l'agent voyer cantonal assisté du maire, soit au fur et à mesure de l'avancement des travaux, soit à l'expiration du délai fixé pour leur achèvement. Le prestataire sera convoqué pour cette réception. Il ne sera complétement libéré que si les travaux satisfont, pour la quantité et la qualité, aux conditions du tarif de conversion en tâches. Dans le cas contraire, sa cote ne sera acquittée que pour la valeur des travaux effectués. La retenue à faire pour mettre les travaux en état de réception sera déterminée de concert par le maire et l'agent voyer cantonal. En cas de difficulté, il sera statué par le préfet sur l'avis de l'agent voyer en chef, et sauf recours devant l'autorité compétente.

L'agent voyer cantonal inscrira le décompte résumé des travaux effectués sur la dernière page du *modèle n° 16*, le soumettra à la signature du maire, portera les résultats sur son carnet, et adressera l'état à l'agent voyer d'arrondissement, après avoir émargé les cotes ou parties de cotes acquittées, sur l'extrait de rôle (*modèle n° 6*).

Il sera ensuite procédé conformément aux deux derniers paragraphes de l'article 31.

§ 3. *Dispositions communes aux prestations à la journée et à la tâche.*

ART. 35.

Après l'exécution des prestations, l'agent voyer d'arrondissement adressera à l'agent voyer en chef, pour chaque chemin de grande communication ou d'intérêt commun, un état (*modèle n° 18*) faisant connaître, d'après le relevé des états d'indication, le montant des prestations demandées, celui des prestations exécutées et les sommes à recouvrer en argent. Ces états seront visés par l'agent voyer en chef et transmis au préfet avec ses observations et propositions, pour servir de titre de recette au trésorier-payeur général.

ART. 36.

Lorsque le maire refusera de prêter son concours pour l'exécution des prestations, il en sera référé au préfet, qui statuera.

SECTION II.

TRAVAUX À PRIX D'ARGENT.

———

§ 1er. *Dispositions générales.*

———

ART. 37.

Les travaux à prix d'argent seront exécutés par voie d'adjudication.

Toutefois il pourra être traité de gré à gré sur série de prix ou à forfait, avec l'autorisation du préfet :

1° Pour les ouvrages et fournitures dont la dépense n'excéderait pas 3,000 francs ;

2° Pour ceux dont l'exécution ne comporterait pas les délais d'une adjudication ;

3° Pour ceux qui, par leur nature ou leur spécialité, exigeraient des conditions particulières d'aptitude de la part de l'entrepreneur ;

4° Enfin pour ceux dont la mise en adjudication n'aurait pas abouti, comme il sera expliqué ci-après.

Les travaux pourront aussi, avec l'autorisation du préfet, être effectués par voie de régie, soit en cas d'urgence, soit lorsque les autres modes d'exécution auront été reconnus impossibles ou moins avantageux. Cette autorisation ne sera pas nécessaire toutes les fois que la dépense en argent ne dépassera pas 300 francs.

ART. 38.

Les projets se composeront des pièces indiquées par l'agent voyer en chef, suivant l'importance et la nature des travaux à effectuer ; ces pièces seront rédigées conformément au programme annexé à l'instruction générale.

Tous les projets seront approuvés par le préfet, sur l'avis de l'agent voyer en chef.

Les devis ou cahiers des charges des adjudications et des marchés de gré à gré contiendront toujours la condition que les soumissionnaires seront assujettis aux clauses et conditions générales imposées aux entrepreneurs des travaux des chemins vicinaux et annexées à l'instruction générale (*annexe n° 2*).

§ 2. *Formes à suivre pour les adjudications.*

Les adjudications des travaux des chemins de grande communication et d'intérêt commun seront passées à la préfecture par le préfet ou son délégué, président, et deux membres du conseil général ou d'arrondissement, assistés de l'agent voyer en chef.

Lorsque les travaux devront s'exécuter sur le territoire d'un seul arrondissement, l'adjudication pourra être passée à la sous-préfecture par le sous-préfet, président, deux membres du conseil général ou d'arrondissement, et en présence de l'agent voyer en chef ou de l'agent voyer d'arrondissement.

Les membres du conseil général ou d'arrondissement appelés à assister aux adjudications seront, suivant le cas, désignés par le préfet ou le sous-préfet.

Pour les chemins vicinaux ordinaires, les adjudications seront passées soit dans la commune de la situation des travaux, soit au chef-lieu de canton, soit à la sous-préfecture. Le bureau se composera soit du sous-préfet, président, du maire et d'un membre du conseil municipal, soit du maire, président, et de deux conseillers municipaux. Le receveur municipal et l'agent voyer assisteront à ces adjudications.

L'absence des personnes ci-dessus désignées, autres que le président, et dûment convoquées, n'empêchera pas l'adjudication.

Les travaux des chemins de grande communication et d'intérêt commun seront généralement adjugés par ligne, sauf la division en plusieurs lots pour une même ligne, si l'importance des travaux l'exige.

Pour les chemins vicinaux ordinaires seulement, on pourra réunir dans un même lot tous les travaux à faire dans une commune, à la condition de les diviser, s'il y a lieu, en trois sections : entretien, grosses réparations, travaux neufs.

ART. 42.

Les adjudications seront annoncées au moins vingt jours à l'avance par des affiches placardées tant au chef-lieu du département que dans les principales communes des arrondissements et dans celles où seront situés les travaux. Elles seront portées à la connaissance des entrepreneurs par tous les moyens de publicité.

Les affiches indiqueront sommairement :

Le lieu, le jour, l'heure et le mode fixés pour l'adjudication et le dépôt des soumissions;

Les autorités chargées d'y procéder;

La nature des travaux, le montant de la dépense prévue et du cautionnement à fournir, et le lieu où l'on pourra prendre connaissance des pièces du projet;

Enfin, le modèle des soumissions.

Dans le cas d'urgence, le délai de vingt jours ci-dessus indiqué pourra être réduit, sans jamais être inférieur à dix jours.

ART. 43.

Les adjudications se feront au rabais et sur soumissions cachetées ; le rabais s'appliquera non au montant total du devis, mais aux prix de la série servant de base aux évaluations. Dans le cas où il serait nécessaire de fixer préalablement un minimum de rabais, ce minimum sera déterminé par le président, sur l'avis de l'agent voyer assistant à l'adjudication, et déposé, sous enveloppe cachetée, sur le bureau, à l'ouverture de la séance.

ART. 44.

Les soumissions seront toujours placées seules dans une enveloppe cachetée portant la désignation des travaux et le nom de l'entrepreneur. Cette première enveloppe formera, avec les certificats de capacité, s'ils sont exigés, et les pièces constatant le versement du cautionnement ou un engagement valable de le fournir, un paquet également cacheté portant aussi la désignation des travaux.

Tous les paquets déposés par les concurrents seront rangés sur le bu-

3.

reau par le fonctionnaire qui présidera à l'adjudication et recevront un numéro d'ordre.

ART. 45.

A l'instant fixé par l'affiche, le premier cachet de chaque paquet sera rompu publiquement, et il sera dressé un état des pièces qui s'y trouveront renfermées. Le public et les concurrents se retireront de la salle d'adjudication, et le bureau, après avoir pris l'avis de l'agent voyer et du comptable présents, arrêtera la liste des concurrents agréés. En cas de partage dans le vote du bureau, la voix du président sera prépondérante. Il en sera de même pour toutes les questions qui pourraient être soulevées pendant l'adjudication.

ART. 46.

Immédiatement après, la séance redeviendra publique, et le président fera connaître les concurrents agréés. Les soumissions présentées par ces derniers seront ouvertes publiquement. Toute soumission non conforme au modèle indiqué par les affiches sera déclarée nulle.

Les concurrents qui ne sauraient pas écrire pourront faire signer leur soumission par un fondé de procuration verbale, sous la condition de le déclarer, avant l'ouverture de leur soumission, au fonctionnaire qui présidera l'adjudication.

ART. 47.

Le concurrent qui aura fait l'offre d'exécuter les travaux aux conditions les plus avantageuses sera déclaré adjudicataire si son rabais remplit les conditions de minimum fixé conformément à l'article 43, et si, à défaut de la fixation de ce minimum, sa soumission ne comporte pas d'augmentation sur les prix prévus.

Dans le cas où le rabais le plus avantageux serait offert par plusieurs concurrents, il sera procédé, séance tenante, entre ceux-ci, à une nouvelle adjudication sur soumissions cachetées. Les rabais de la nouvelle adjudication ne pourront être inférieurs à ceux de la première.

Si les concurrents maintiennent les rabais primitifs, le bureau désignera, après avoir pris l'avis de l'agent voyer, celui des concurrents qui devra être déclaré adjudicataire.

ART. 48.

Il sera dressé, pour chaque adjudication, un procès-verbal qui relatera toutes les circonstances de l'opération.

ART. 49.

Les adjudications ne seront définitives qu'après l'approbation du préfet.

Dans les vingt jours de la date de cette approbation, la minute du procès-verbal sera soumise à l'enregistrement. Il ne pourra en être délivré ni expédition, ni extrait, qu'après l'accomplissement de cette formalité.

ART. 50.

Le cautionnement à fournir par les adjudicataires sera versé à la caisse du trésorier-payeur général ou à celle des receveurs particuliers pour les chemins de grande communication et d'intérêt commun, et à la caisse du receveur municipal pour les chemins vicinaux ordinaires.

ART. 51.

Les adjudicataires payeront les frais de timbre et d'enregistrement des procès-verbaux d'adjudication, ceux d'expédition sur papier timbré des devis et cahier des charges dont il leur sera fait remise, ainsi que ceux d'affiches et autres publications, s'il y a lieu. Il ne pourra être rien exigé d'eux au delà de ces frais.

ART. 52.

Après une tentative infructueuse d'adjudication, les travaux pourront, avec l'autorisation du préfet, donner lieu à un marché de gré à gré lorsqu'on trouvera un soumissionnaire s'engageant à les exécuter sans augmentation de prix, aux conditions du devis et du cahier des charges.

Mais si, à défaut de cette soumission, on reconnaît la nécessité d'augmenter certains prix et de modifier les conditions du cahier des charges, il sera procédé à une nouvelle tentative d'adjudication, après avoir opéré sur les pièces du projet les changements adoptés.

Dans le cas où cette seconde tentative serait infructueuse, on pourra recourir à un marché de gré à gré pour l'ensemble du projet, ou bien à plusieurs marchés distincts, en scindant les travaux soit en lots moins importants, soit selon leur nature.

Le préfet pourra aussi autoriser l'exécution par voie de régie après la seconde tentative infructueuse d'adjudication.

§ 3. *Marchés de gré à gré.*

ART. 53.

Lorsqu'il y aura lieu de faire exécuter les travaux par voie de marché de gré à gré, l'agent voyer en chef pour les chemins de grande communication et d'intérêt commun, l'agent voyer d'arrondissement pour les chemins vicinaux ordinaires, inviteront les entrepreneurs à prendre connaissance des conditions de l'entreprise, à formuler et à leur remettre dans un délai déterminé leurs propositions par soumissions écrites.

Les soumissions ainsi déposées devront contenir l'engagement de se soumettre aux conditions du devis particulier des ouvrages et aux clauses et conditions générales (*annexe n° 2*).

Elles tiendront lieu de devis lorsqu'elles énonceront en outre les quantités, les prix et les conditions d'exécution des ouvrages.

Les agents voyers transmettront les soumissions, avec leur avis, au préfet pour les chemins de grande communication et d'intérêt commun, et aux maires pour les chemins vicinaux ordinaires.

ART. 54.

La soumission la plus avantageuse sera acceptée par le préfet pour les chemins de grande communication et d'intérêt commun, par le maire, dûment autorisé, pour les chemins vicinaux ordinaires. Cette dernière acceptation sera soumise à l'approbation du préfet.

ART. 55.

La soumission à forfait des ouvrages à exécuter devra toujours contenir la mention en toutes lettres de la somme fixe à payer à l'entrepreneur, laquelle somme ne pourra jamais excéder l'estimation du projet.

ART. 56.

Les dispositions des articles 50 et 51 sont applicables aux soumissionnaires des marchés de gré à gré. Néanmoins le préfet pourra, sur l'avis de l'agent voyer en chef pour les chemins de grande communication et d'intérêt commun, et sur l'avis du maire pour les chemins vicinaux ordinaires, dispenser les soumissionnaires de fournir un cautionnement.

§ 4. Travaux en régie.

ART. 57.

Les travaux en régie seront exécutés, autant que possible, à la tâche. A moins de difficultés, les ouvriers et les tâcherons seront payés par mandats individuels.

ART. 58.

Lorsque les ouvriers ne pourront pas être payés par mandats individuels, l'arrêté autorisant la régie nommera le régisseur au nom duquel seront faites les avances de fonds et fixera la somme qu'elles ne devront pas dépasser.

Cet arrêté sera pris par le préfet sur la proposition de l'agent voyer en chef pour les chemins de grande communication et d'intérêt commun, et par le maire sur la proposition de l'agent voyer d'arrondissement pour les chemins vicinaux ordinaires.

SECTION III.
RÉCEPTION DES TRAVAUX.

ART. 59.

Les réceptions provisoires ou définitives des travaux et fournitures effectués sur les chemins de grande communication ou d'intérêt commun seront faites par l'agent voyer d'arrondissement, assisté de l'agent voyer cantonal, en présence de l'entrepreneur dûment convoqué.

ART. 60.

Les mêmes réceptions pour les chemins vicinaux ordinaires seront faites par l'agent voyer cantonal, en présence du maire, de deux conseillers municipaux de la commune et de l'entrepreneur dûment convoqués.

ART. 61.

Les réceptions feront l'objet de procès-verbaux dont la forme est indiquée au titre IV du présent règlement.

L'absence de l'entrepreneur ou des autres personnes indiquées aux deux articles qui précèdent ne fera pas obstacle à la réception.

TITRE IV.
COMPTABILITÉ DES CHEMINS VICINAUX.

CHAPITRE PREMIER.
RESSOURCES À CRÉER PAR LES COMMUNES.

Opérations préliminaires et votes des ressources.

ART. 62.

Les contingents ordinaires communaux pour les chemins de grande communication et d'intérêt commun seront fixés chaque année par le préfet, sur les propositions de l'agent voyer en chef.

En conséquence, l'agent voyer en chef préparera, dans le courant du mois de mars, un état sommaire des besoins auxquels il y aura lieu de faire face l'année suivante sur chaque chemin. Il indiquera les contingents que les communes pourraient être appelées à fournir, et pour quelle part ces contingents devront être prélevés sur les revenus ordinaires et sur le produit des prestations et des centimes spéciaux ordinaires (*modèle n° 1*).

ART. 63.

Du 1ᵉʳ au 15 avril de chaque année, il sera dressé, par l'agent voyer cantonal, un état sommaire indiquant : la situation des chemins vicinaux ordinaires de la commune ; les dépenses à faire tant pour l'entretien, pendant l'année suivante, que pour l'achèvement complet de ces chemins ; les ressources qui pourront être affectées à ces dépenses ; l'emploi à faire du reliquat de l'exercice précédent (*modèle n° 2*).

Cet état comprendra les contingents demandés pour les chemins de grande communication et d'intérêt commun, conformément à l'article précédent.

L'état, vérifié par l'agent voyer d'arrondissement et présenté par l'agent voyer en chef, sera transmis au maire pour être communiqué au conseil municipal, dans sa session de mai, avec l'arrêté de mise en demeure prescrit par l'article 5 de la loi du 21 mai 1836 (*modèle n° 3*).

ART. 64.

Dans la session de mai, le conseil municipal sera appelé à voter, pour l'année suivante, les contingents fixés pour les chemins de grande communication et d'intérêt commun, ainsi que les ressources qu'il entendra affecter aux chemins vicinaux ordinaires, en distinguant le réseau subventionné du réseau non subventionné. Il sera invité en même temps à arrêter le tarif de la conversion des prestations en tâches et à délibérer sur l'emploi des reliquats des exercices précédents.

La délibération du conseil (*modèle n° 3*) sera transmise à la préfecture, avec l'avis du sous-préfet, dans les quinze jours qui suivront la clôture de la session. L'agent voyer en chef sera consulté sur cette délibération, qui ne deviendra exécutoire qu'après l'approbation du préfet. Il sera donné au directeur des contributions directes avis de cette approbation en ce qui concerne le vote des journées de prestations et des centimes.

CHAPITRE II.

SUBVENTIONS DU DÉPARTEMENT ET DE L'ÉTAT EN FAVEUR DES CHEMINS VICINAUX
ORDINAIRES.

ART. 65.

Chaque année, l'agent voyer en chef remettra au préfet, pour être soumises au conseil général, des propositions de répartition des subventions
à accorder aux communes pour les chemins vicinaux ordinaires sur les
fonds du département et sur ceux de l'État.

CHAPITRE III.

DISPOSITIONS GÉNÉRALES.

ART. 66.

Toutes les décisions relatives à la création de ressources applicables
aux chemins vicinaux seront notifiées à l'agent voyer en chef par le
préfet.

ART. 67.

Les ressources créées pour le service des chemins vicinaux, quelle que
soit leur origine et qu'elles consistent en argent ou en prestations en nature, ne peuvent, sous aucun prétexte, être appliquées à des dépenses
étrangères à ce service, ni à des chemins qui n'auraient pas été légalement reconnus et classés vicinaux, sauf les cas prévus par les lois des
12 juillet 1865 et 21 juillet 1870.

Les ressources créées en vue d'une dépense spéciale ne pourront recevoir une autre destination à moins d'une autorisation régulière.

Tout emploi, soit de fonds, soit de prestations en nature, effectué
contrairement aux règles ci-dessus, sera rejeté des comptes et mis à la
charge du comptable ou de l'ordonnateur, selon le cas.

CHAPITRE IV.

RÉPARTITION DES RESSOURCES ET FORMATION DES BUDGETS.

SECTION PREMIÈRE.

CHEMINS DE GRANDE COMMUNICATION ET D'INTÉRÊT COMMUN.

ART. 68.

Chaque année, l'agent voyer d'arrondissement fournit à l'agent voyer en chef, pour chaque chemin de grande communication et d'intérêt commun, un projet de budget faisant connaître les dépenses à effectuer dans l'exercice suivant et les ressources qui pourraient y être appliquées (*modèle n° 11*).

L'agent voyer en chef remet ensuite au préfet, pour être soumises au conseil général, ses propositions pour l'allocation de subventions par le département et pour la répartition, sur chaque chemin, de ces subventions et de celles de l'État, tant pour les travaux d'entretien que pour les travaux neufs et de grosses réparations (*modèle n° 12*).

Il propose en même temps l'allocation des crédits destinés aux dépenses générales : traitement du personnel, frais d'impression, etc.

ART. 69.

Après avoir reçu la notification des crédits alloués au budget départemental, l'agent voyer en chef propose, pour être soumise à l'approbation du préfet, la sous-répartition des crédits de chaque chemin et la composition définitive des budgets (*modèle n° 11*).

SECTION II.

CHEMINS VICINAUX ORDINAIRES.

ART. 70.

Dans la session du mois de novembre, le conseil municipal de chaque commune sera appelé à délibérer sur l'emploi des ressources applicables aux travaux pour l'année suivante, d'après un budget préparé par l'agent voyer cantonal, de concert avec le maire, et vérifié par l'agent voyer d'arrondissement (*modèle n° 13*).

ART. 71.

Les budgets des chemins vicinaux ordinaires seront soumis à la ratification du préfet.

SECTION III.

DISPOSITIONS GÉNÉRALES.

———

ART. 72.

Dans les premiers mois de chaque année, le préfet prend, sur la proposition de l'agent voyer en chef, un arrêté fixant, dans chaque commune, par catégorie de chemins, la répartition des ressources créées en vertu de l'article 2 de la loi du 21 mai 1836. Cet arrêté est notifié aux maires, aux receveurs municipaux et aux agents voyers (*modèle n° 14*).

Le préfet détermine également, sur la proposition de l'agent voyer en chef, la répartition des fonds inscrits au budget du département pour le service vicinal sans affectation spéciale.

ART. 73.

Les dépenses à faire sur les chemins au moyen des ressources créées après l'approbation de leurs budgets sont rattachées à l'un des articles do ces budgets par la décision qui les approuve.

CHAPITRE V.

BUDGETS SUPPLÉMENTAIRES.

———

SECTION PREMIERE.

CHEMINS DE GRANDE COMMUNICATION ET D'INTÉRÊT COMMUN.

———

ART. 74.

Aussitôt après la clôture de l'exercice, l'agent voyer en chef prépare pour chaque chemin le budget supplémentaire de l'annnée courante (*modèle n° 15*). Il y inscrit en ressources le reste en caisse, les sommes restant à recouvrer de l'exercice précédent et les ressources nouvelles créées depuis la rédaction du budget primiti

Il inscrit en dépense les sommes restant dues à la clôture de l'exercice précédent et celles qui, n'ayant pas été employées, doivent conserver leur affectation spéciale.

Il propose l'emploi des ressources nouvelles et de celles qui, restant libres sur les prévisions du budget du chemin, peuvent recevoir une autre destination.

Ce budget supplémentaire est soumis à l'approbation du préfet.

4.

SECTION II.

CHEMINS VICINAUX ORDINAIRES.

———

ART. 75.

Chaque année, dans sa session du mois de mai, le conseil municipal prend une délibération par laquelle il détermine l'emploi des sommes restées libres sur les ressources vicinales de l'exercice précédent, comme il a été dit à l'article 63. Il reporte en même temps au budget additionnel de la commune les crédits disponibles, en leur conservant leur affectation spéciale. Ce report est, s'il y a lieu, opéré d'office par le préfet, sur la proposition de l'agent voyer en chef.

CHAPITRE VI.

COMPTABILITÉ DE L'AGENT VOYER CANTONAL.

———

ART. 76.

L'agent voyer cantonal tient un carnet d'attachements (*modèle n° 19*) sur lequel il inscrit tous les faits de dépense à mesure qu'ils se produisent, par ordre de date, sans lacune, sans classification, pour tous les ateliers confiés à sa surveillance, qu'ils soient situés sur les chemins de grande communication, d'intérêt commun ou de petite vicinalité, en ayant soin d'indiquer le chemin auquel ces faits se rapportent, avec distinction entre le réseau subventionné et le réseau non subventionné.

Ce carnet présente, sur la page de gauche, le libellé des opérations et leurs résultats, soit en quantités, soit en deniers, soit à la fois en quantités et en deniers : il ne comprend que les faits de dépense; les observations relatives aux autres parties du service ne doivent pas y figurer.

En regard de chaque article, il reçoit, sur la page de droite, les croquis et tous les renseignements propres à justifier les quantités et les sommes portées sur la page de gauche, ainsi que la mention des pièces dont les détails ne peuvent pas être inscrits sur le carnet.

Dans le cas de prise de possession de terrains avant le règlement de l'indemnité, la date en est portée pour ordre au carnet. Un nouvel article, indiquant le montant de la dépense, est ouvert lors de la fixation de l'indemnité. Mention est également faite des terrains cédés gratuitement.

Les travaux ou approvisionnements exécutés par entreprise sont inscrits au carnet, au fur et à mesure qu'il est possible d'en vérifier partiellement les métrés, les quantités ou les poids. On se conformera, pour ces inscriptions, aux désignations ainsi qu'aux conditions de règlement des comptes et des devis ou projets approuvés.

Lorsque les travaux ou approvisionnements exécutés par entreprise doivent donner lieu à des payements d'à-compte, avant de se trouver en état d'être métrés *exactement*, ils sont inscrits au carnet, sous le nom de *travaux non terminés*, avec les métrés approximatifs. Ces métrés sont refaits complétement, à chaque nouvelle constatation, sans qu'on puisse procéder par différence. L'ancien article est rayé, et une annotation renvoie à la nouvelle situation.

La distinction en *travaux terminés* et *travaux non terminés* pourra être supprimée par l'agent voyer en chef, suivant l'importance ou la nature des ouvrages.

Lorsque des travaux ou approvisionnements par entreprise auront été l'objet d'une réception accompagnée d'un décompte accepté par l'entrepreneur, et qu'ils n'auront donné lieu, en raison de leur faible importance, à aucune inscription antérieure sur le carnet, il suffit de mentionner la date de la réception et du décompte et de porter en bloc le résultat final de ce décompte.

Pour les prestations à la journée ou à la tâche, la dépense est portée en bloc sur le carnet, à mesure que les états d'indication (*modèle n° 16*) sont arrêtés et certifiés par les agents voyers.

Les souscriptions et les subventions industrielles acquittées en nature sont aussi inscrites au fur et à mesure de leur exécution.

Lorsque l'entrepreneur est tenu par le cahier des charges de prendre en compte des travaux ou fournitures effectués par des prestataires, la remise de ces travaux ou fournitures donne lieu à une nouvelle inscription qui indique leur montant, aux prix du bordereau; dans le cas où les prestations remises auraient été effectuées dans le courant de l'année, on fait ressortir sur la page de droite la plus ou moins value sur les prix de l'entreprise.

Pour les travaux en régie à la journée, la dépense est portée en bloc sur le carnet, à mesure que les rôles sont arrêtés et certifiés par les agents voyers. Pour les travaux en régie à la tâche, on procède de la même manière, en séparant, s'il y a lieu, les comptes des tâcherons portés sur un même état. Pour les mémoires et les factures, la dépense est portée en bloc sur la page de gauche, à mesure que ces pièces sont arrêtées et certifiées.

Les surveillants sont pourvus, au besoin, de carnets auxiliaires, dont les résultats sont reportés, par masses, sur le carnet tenu par l'agent voyer cantonal sous les ordres duquel ils sont placés.

ART. 77.

Les carnets sont délivrés par l'agent voyer en chef à l'agent voyer d'arrondissement, qui en numérote les feuillets et les parafe par premier et dernier avant de les remettre à l'agent voyer cantonal.

Chaque agent est responsable de toutes les indications qu'il consigne sur son carnet et des omissions commises dans ses écritures.

Les carnets successivement délivrés, dans une même année, à chaque agent voyer cantonal sont numérotés suivant l'ordre de la remise.

L'agent voyer cantonal ne doit se dessaisir de son carnet que sur l'ordre de ses chefs; quand il reçoit une autre destination, il arrête ce carnet et l'adresse à l'agent voyer d'arrondissement.

A la fin de l'année, tous les carnets, remplis ou non, sont transmis à l'agent voyer d'arrondissement, qui les vise *ne varietur*.

Les carnets restent déposés au bureau de l'agent voyer cantonal jusqu'à la clôture de l'exercice. Ils sont ensuite déposés dans les archives de l'agent voyer d'arrondissement.

ART. 78.

Tout est écrit à l'encre sur les carnets.

Les attachements sont précédés de la date à laquelle ils se rapportent; ils reçoivent des numéros dont la série se continue, sans interruption du 1er janvier au 31 décembre.

Ceux qui, par leur nature, doivent être contradictoires sont acceptés sur le carnet par la signature de la partie intéressée. En cas de refus de celle-ci, l'agent voyer cantonal prévient aussitôt l'agent voyer d'arrondissement. La signature de l'entrepreneur n'est réclamée que pour les attachements définitifs; elle n'est jamais demandée pour les travaux ou approvisionnements non terminés. Les acceptations données sur les carnets auxiliaires des surveillants ne doivent pas être reproduites sur le carnet de l'agent voyer cantonal.

L'inscription sur le carnet ne constitue pas titre contre l'Administration.

Le carnet est fréquemment visé par l'agent voyer d'arrondissement. Le visa doit porter la mention *vu et vérifié*, avec la date et la signature.

ART. 79.

Aucune inscription faite sur le carnet ne doit être ni grattée ni surchargée. Toutes les rectifications reconnues nécessaires sont faites et datées avec une encre de couleur différente, et écrites au-dessus des lignes auxquelles elles se rapportent. On se borne à passer sur les inscriptions rectifiées un simple trait qui les laisse parfaitement lisibles.

Dans le cas où les rectifications s'appliquent à un attachement contradictoire qui a déjà reçu la signature de la partie intéressée, cette signature doit être apposée une seconde fois, avec la mention de l'approbation de la correction.

ART. 80.

Les journées d'ouvriers sont constatées par des feuilles d'attachements (*modèle n° 20*) tenues par le surveillant de chaque atelier.

La case réservée à chaque ouvrier contient, pour chaque journée, autant de divisions qu'il y a de reprises de travail. On pointe comme absent l'ouvrier qui ne se présente pas au commencement d'une reprise ou quitte le travail avant la fin. Les cases *restées en blanc au bas de la feuille sont également pointées* à chaque reprise, comme si elles concernaient des absents. Si un ouvrier travaille isolément à la journée, sa présence et son travail sont constatés de la même manière que pour les cantonniers.

Les feuilles d'attachements sont remises à la fin du mois, ou plus fréquemment, s'il est nécessaire, à l'agent voyer cantonal, qui les arrête et en inscrit immédiatement les résultats sur son carnet.

ART. 81.

Les travaux en régie exécutés à la tâche sont détaillés sur des états (*modèles n°s 21 et 41*) qui, lorsqu'ils doivent être produits à l'appui du payement, sont soumis à l'approbation du préfet ou du maire, suivant le cas, et acquittés par les parties prenantes au moment du payement.

ART. 82.

Les mémoires sont détaillés sur des états conformes au *modèle n° 22*. On emploie le *modèle n° 22 bis* pour les quittances des sommes n'excédant pas 10 francs.

ART. 83.

Les situations des fournitures de matériaux ou des ouvrages terminés et non terminés, exécutés par un entrepreneur, sont dressées conformément aux inscriptions faites au carnet (*modèle n° 23*).

ART. 84.

Lorsque des approvisionnements ou des travaux provenant des prestations en nature ou de toute autre origine sont remis en compte aux entrepreneurs, la remise en est constatée par un procès-verbal (*modèle n° 24*) sur lequel le détail de ces approvisionnements et travaux est indiqué aux prix du bordereau, en tenant compte du rabais de l'adjudication.

ART. 85.

Le décompte des cantonniers est établi sur un état (*modèle n° 25*) pour les chemins de grande communication et d'intérêt commun et (*modèle n° 25 bis*) pour les chemins vicinaux ordinaires.

ART. 86.

Toutes les dépenses constatées par l'agent voyer cantonal sont reportées sommairement dans un registre désigné sous le nom de *Livre de comptabilité de l'agent voyer cantonal (modèle n° 26)*.

Ce registre, composé de trois parties, est subdivisé, pour chacune d'elles, en *réseau subventionné* et *réseau non subventionné*.

La première est relative aux chemins de grande communication; la deuxième concerne les chemins d'intérêt commun, et la troisième, les chemins vicinaux ordinaires.

ART. 87.

La première et la deuxième partie du livre de comptabilité de l'agent voyer cantonal sont composées d'une manière identique et comprennent :

1° Le répertoire des chemins, formant table des matières (*modèle n° 26 A*);

2° Pour chaque chemin, un compte dans lequel est inscrit, en trois divisions séparées, pour l'entretien, les grosses réparations et les travaux neufs, le montant total des dépenses faites, avec désignation des pièces sur lesquelles elles sont relevées, et en distinguant, dans chacune de ces divisions, les entreprises et les régies. Les indemnités de terrains, les dommages, les dépenses diverses et le salaire des cantonniers font l'objet de divisions spéciales (*modèle n° 26 B*).

ART. 88.

La troisième partie du livre de comptabilité de l'agent voyer cantonal comprend :

1° Le répertoire des communes formant table des matières (*modèle n° 26 C*);

2° Pour chaque commune, un compte (*modèle n° 26 D*) dans lequel est inscrit, en trois divisions séparées, pour l'entretien, les grosses réparations et les travaux neufs, le montant total des dépenses faites, avec désignation des pièces sur lesquelles elles sont justifiées, et en distinguant, dans chacune de ces divisions, les entreprises et les régies. Les indemnités de terrains, les dommages, les dépenses diverses et le salaire des cantonniers font l'objet de divisions spéciales ;

3° Pour chaque commune, un compte récapitulatif des certificats de payement et des mandats délivrés (*modèle n° 26 E*).

ART. 89.

Un décompte, pour ordre, de l'emploi des prestations applicables aux différentes catégories de chemins est établi, par l'agent voyer cantonal, sur une formule spéciale placée à la fin de son livre de comptabilité (*modèle n° 26 F*).

ART. 90.

A la fin de chaque mois, l'agent voyer cantonal transmet, s'il y a lieu, à l'agent voyer d'arrondissement les pièces suivantes :

Chemins vicinaux de grande communication et d'intérêt commun.

Les feuilles d'attachements des journées d'ouvriers (*modèle n° 20*); les états des travaux à la tâche (*modèle n° 21*); les mémoires ou quittances (*modèles n° 22 et 22 bis*); les situations des travaux exécutés par entreprise (*modèle n° 23*), accompagnées au besoin d'un métré (*modèle n° 27*); les procès-verbaux de constatation des travaux exécutés par prestation (*modèle n° 16*); les procès-verbaux de remise de travaux et approvisionnements aux entrepreneurs (*modèle n° 24*); le décompte des cantonniers (*modèle n° 25*), et toutes les pièces relatives aux indemnités de terrains, dommages et dépenses diverses.

Chemins vicinaux ordinaires.

Pour chaque commune : les rôles des journées d'ouvriers employés en régie (*modèle n° 28*), accompagnés des feuilles d'attachements (*modèle n° 20*); les états des travaux à la tâche (*modèle n° 21*); les mémoires ou quittances (*modèles n°* 22 et 22 *bis*); les situations des travaux exécutés par entreprise (*modèle n° 23*), appuyées au besoin d'un métré et accompagnées d'un certificat de payement (*modèle n° 29*); les décomptes des cantonniers (*modèle n° 25 bis*), et toutes les pièces relatives aux indemnités de terrains et dépenses diverses.

Chaque envoi de pièces de comptabilité fait par l'agent voyer cantonal est accompagné d'un bordereau (*modèle n° 30*), sur lequel il est fait mention des terrains dont la prise de possession a été effectuée.

ART. 91.

A la fin de chaque trimestre, ou plus souvent si l'agent voyer en chef le juge nécessaire, l'agent voyer cantonal adresse à l'agent voyer d'arrondissement un état sommaire indiquant par commune, pour les chemins vicinaux ordinaires, la situation des dépenses faites et les certificats de payement délivrés (*modèle n° 31*).

ART. 92.

A la fin de l'année, l'agent voyer cantonal dresse, pour les chemins vicinaux ordinaires, les décomptes (*modèle n° 32*) de toutes les entreprises de son service qui n'ont pas fait l'objet d'une réception provisoire ou définitive. Il les notifie aux entrepreneurs, dans les formes indiquées aux clauses et conditions générales, et les adresse à l'agent voyer d'arrondissement.

ART. 93.

A la clôture de l'exercice, il dresse également, pour les chemins vicinaux ordinaires, des états faisant connaître pour toutes les communes de sa circonscription :

1° Les ressources constatées (*modèle n° 33*);

2° Les dépenses effectuées (*modèle n° 34*);

3° L'état d'avancement des chemins (*modèles n°* 35 et 35 *bis*);

4° Divers renseignements statistiques et la situation financière du réseau subventionné (*modèle n° 36*).

Ces états sont établis avec distinction entre le réseau subventionné et le réseau non subventionné. Ils sont adressés, le 10 mai au plus tard, à l'agent voyer d'arrondissement, qui, après en avoir certifié l'exactitude, les transmet, le 25 mai, à l'agent voyer en chef. Ce dernier, après les avoir vérifiés, les fait parvenir au préfet, pour être soumis au conseil général.

CHAPITRE VII.

COMPTABILITÉ DU RÉGISSEUR COMPTABLE.

ART. 94.

Dans le cas de régie pour le compte d'un entrepreneur, le régisseur comptable tient un journal spécial de la même forme que le carnet (*modèle n° 19*), pour les faits de dépenses relatifs à cette régie.

L'agent voyer cantonal, qu'il soit ou non régisseur comptable, doit, en outre, inscrire sur son carnet les travaux effectués comme s'ils étaient exécutés par l'entrepreneur.

ART. 95.

Les avances de fonds à faire à un régisseur comptable ont lieu sur sa demande formulée sur un imprimé (*modèle n 37*).

Pour les chemins de grande communication et d'intérêt commun, cette demande, visée par l'agent voyer d'arrondissement, certifiée par l'agent voyer en chef, est transmise par ce dernier au préfet pour la délivrance du mandat.

S'il s'agit d'un chemin vicinal ordinaire, la demande, dans le cas où l'agent voyer cantonal n'est pas régisseur, est certifiée par ce dernier et visée par l'agent voyer d'arrondissement. Dans le cas contraire, elle est certifiée par l'agent voyer d'arrondissement. Cette demande est ensuite transmise au maire pour le mandatement.

ART. 96.

Les recettes et les payements effectués par le régisseur comptable sont enregistrés sur un livret de caisse (*modèle n° 38*).

Ce livret contient sur la page de gauche : 1° l'indication des numéros et des dates des mandats délivrés au nom du régisseur comptable; 2° l'inscription, de la main de l'agent du payement, de la date, de la destination des avances, et du montant, en toutes lettres, des sommes payées; 3° l'indication en chiffres des sommes payées.

La page de droite indique, par ordre chronologique : 1° les dates des payements successivement effectués par le régisseur; 2° la nature des dépenses; 3° le montant des sommes payées; 4° celui des pièces justificatives produites.

L'agent voyer d'arrondissement constate, sur le livret de caisse, les résultats des vérifications qu'il doit faire des écritures, des pièces de dépense et de la caisse du régisseur.

ART. 97.

Le régisseur comptable justifie de l'emploi des avances qui lui sont faites par la production des mémoires des fournisseurs et des rôles des ouvriers employés à la journée ou à la tâche. Ces pièces doivent être revêtues de l'acquit des parties prenantes.

La justification doit être faite dans le mois qui suit l'encaissement du mandat et comprendre, autant que possible, une dépense égale au montant de ce mandat. Les pièces justificatives font l'objet d'un bordereau (*modèle n° 39*) dressé en double expédition par le régisseur comptable.

Pour les chemins de grande communication et d'intérêt commun, ce bordereau est vérifié par l'agent voyer d'arrondissement et visé par l'agent voyer en chef et le préfet. Pour les chemins vicinaux ordinaires, il est vérifié par l'agent voyer cantonal et par l'agent voyer d'arrondissement et visé par le maire.

Les deux expéditions de ce bordereau sont transmises à l'agent du payement, qui est tenu de renvoyer immédiatement au régisseur comptable, par l'intermédiaire des agents voyers, une des expéditions signée pour récépissé.

ART. 98.

Les certificats de payement délivrés au nom d'un régisseur comptable sont inscrits sur les livres de comptabilité comme les autres dépenses; s'il s'agit d'une régie au compte d'un entrepreneur, les dépenses justifiées sont portées comme à-compte délivré à ce dernier.

CHAPITRE VIII.

COMPTABILITÉ DE L'AGENT VOYER D'ARRONDISSEMENT.

ART. 99.

L'agent voyer d'arrondissement centralise, vérifie et coordonne les résultats constatés et produits par les agents placés sous ses ordres.

Il dresse, au commencement de chaque mois, pour les chemins de grande communication et d'intérêt commun, d'après les pièces de dépenses qui lui ont été transmises par les agents voyers cantonaux : 1° le décompte mensuel (*modèle n° 40*) des sommes dues à tous les cantonniers; 2° l'état récapitulatif (*modèle n° 41*) des feuilles d'attachements des journées d'ouvriers, des états des travaux à la tâche, des mémoires et des quittances; 3° des propositions de payement en faveur des entrepreneurs et les décomptes à l'appui (*modèle n° 42*).

Il envoie à l'agent voyer en chef ces pièces, en y joignant, après les avoir revêtues de son visa, celles mentionnées à l'état récapitulatif (*modèle n° 41*); le tout accompagné d'un bordereau (*modèle n° 30*).

En ce qui concerne les chemins vicinaux ordinaires, il vérifie les pièces qui lui sont adressées par l'agent voyer cantonal; il les vise et les renvoie à ce dernier, qui les transmet au maire pour le mandatement.

Les réceptions de matériaux d'entretien sont constatées sur une formule (*modèle n° 46*) et font connaître les quantités de matériaux reçus.

Les procès-verbaux de réception provisoire et de réception définitive pour les travaux neufs et de grosse réparation sont dressés sur les *modèles n°ˢ 43* et *44*. Ils sont accompagnés du décompte des travaux exécutés (*modèle n° 45*).

Tous les procès-verbaux de réception relatifs aux chemins de grande communication et d'intérêt commun sont immédiatement transmis à l'agent voyer en chef. Les procès-verbaux qui concernent les chemins vicinaux ordinaires sont conservés par l'agent voyer cantonal, à l'exception de ceux qui doivent être joints à l'appui des payements.

Les réceptions sont mentionnées avec leur date au carnet.

Tous les faits de comptabilité concernant le service de l'agent voyer d'arrondissement sont classés dans un registre (*modèle n° 47*) désigné sous le nom de : *Livre de comptabilité de l'agent voyer d'arrondissement.*

Ce livre se compose de trois parties, subdivisées chacune en *réseau subventionné* et *réseau non subventionné*. La première partie est relative aux chemins de grande communication, la deuxième aux chemins d'intérêt commun, et la troisième aux chemins vicinaux ordinaires.

La première et la deuxième partie sont identiques : en tête de chacune d'elles est placé un *répertoire* formant table des matières (*modèle n° 47 A*). Elles comprennent ensuite une série de comptes ouverts indiquant les dépenses faites et les propositions de payement délivrées. Ces comptes sont groupés de la manière suivante : 1° *entreprises :* un compte spécial est ouvert à chacune d'elles (*modèle n° 47 B*); 2° *travaux en régie* (*modèle n° 47 C*) : l'entretien, les grosses réparations et les travaux neufs donnent lieu à l'ouverture de comptes distincts, pour chaque chemin ou partie de chemin, s'il y a lieu; 3° *cantonniers* (*modèle n° 47 D*); 4° *indemnités de terrains* (*modèle n° 47 E*); 5° *dommages* (*modèle n° 47 F*); 6° *dépenses diverses* (*modèle n° 47 G*) : ces quatre derniers comptes comprennent toutes les dépenses faites et les certificats délivrés par chaque arrondissement, mais à chacun d'eux un article est ouvert par chemin; 7° *comptes rendus,* par chemin, de l'emploi des prestations (*modèle n° 47 H*).

La troisième partie comprend : 1° un *répertoire* des communes formant table des matières (*modèle n° 47 I*); 2° un *résumé,* par commune, des dépenses faites et des visa des certificats de payement (*modèle n° 47 J*); 3° un compte des *indemnités de terrains* (*modèle n° 47 K*), dans lequel un article est ouvert par commune.

ART. 103.

A la fin de chaque trimestre, et plus souvent si l'agent voyer en chef le juge nécessaire, l'agent voyer d'arrondissement dresse des *états sommaires* des dépenses de son service, pour les chemins de grande communication et d'intérêt commun (*modèle n° 48*) et pour les chemins vicinaux ordinaires (*modèle n° 48 bis*).

Ces états sont adressés à l'agent voyer en chef.

ART. 104.

A la fin de l'année, l'agent voyer d'arrondissement dresse, pour les chemins de grande communication et d'intérêt commun, les décomptes (*modèle n° 32*) de toutes les entreprises de son service qui n'ont pas fait l'objet d'une réception provisoire ou définitive. Il les notifie aux entrepreneurs, dans les formes indiquées au cahier des charges, et les adresse à l'agent voyer en chef.

ART. 105.

L'agent voyer d'arrondissement dresse, à la clôture de l'exercice, pour les chemins ou parties de chemins de grande communication et d'intérêt commun dont il est chargé, des états conformes aux *modéles n⁰ˢ 33, 34, 35* et *36*.

Ces états, établis par ligne, avec distinction entre le réseau subventionné et le réseau non subventionné, sont adressés le 25 mai au plus tard à l'agent voyer en chef.

CHAPITRE IX.

COMPTABILITÉ DE L'AGENT VOYER EN CHEF.

ART. 106.

L'agent voyer en chef centralise tous les faits de dépense, tant ceux qui résultent des pièces fournies par les agents voyers d'arrondissement que ceux dont il rend personnellement compte. Il les inscrit sur un *livre de comptabilité* qui se compose de trois parties : la première partie est relative aux chemins de grande communication; la deuxième, aux chemins d'intérêt commun; la troisième, aux dépenses dont il rend personnellement compte.

Les deux premières sontsubdivisées chacune en *réseau subventionné* et *réseau non subventionné*; elles sont identiques et comprennent :

1° La *situation*, à la fin de chaque mois, tant en nature qu'en argent, *des dépenses faites par chemin* et par service d'agent voyer d'arrondissement (*modèle n⁰ 49 A*);

2° Le *journal d'inscription* (*modèle n⁰ 49 B*) *des certificats de payement* délivrés par l'agent voyer en chef, indiquant le montant des ordonnances de fonds, celui des certificats et leur imputation, la date de la délivrance et de l'envoi des mandats;

3° L'*état, par chemin, des certificats délivrés*, avec distinction de l'objet de la dépense et de son imputation (*modèle n⁰ 49 C*).

La troisième partie comprend :

1° Un *état des dépenses du personnel* des agents voyers (*modèle n⁰ 49 D*);

2° Un état des dépenses diverses de toute nature dont l'agent voyer en chef rend personnellement compte. Cet état est dressé dans la forme des *modèles n⁰ˢ 49 A* et *49 C*.

ART. 107.

En ce qui concerne les chemins de grande communication et d'intérêt commun, l'agent voyer en chef tient, comme annexe de ses livres de comptabilité, un registre (*modèle n⁰ 50*) où des comptes sont ouverts pour les travaux exécutés par entreprise.

Chacun de ces comptes reçoit toutes les indications qui concernent la comptabilité de l'entreprise; il fait connaître la situation, les autorisations données, les crédits ouverts, les dépenses faites, les certificats et les mandats délivrés.

ART. 108.

Les certificats de payement délivrés par l'agent voyer en chef sont établis conformément aux modèles ci-après :

1° Pour les entrepreneurs (*modèle n° 51*);

2° Pour les indemnités de terrains (*modèle n° 52*

3° Pour le personnel (*modèles n°s 53 et 53 bis*);

4° Pour les autres dépenses (*modèle n° 54*).

Ces certificats, ainsi que ceux relatifs au salaire des cantonniers (*modèle n° 40*), au payement des travaux en régie (*modèle n° 41*), sont adressés au préfet, accompagnés des pièces justificatives et d'un bordereau (*modèle n° 55*).

ART. 109.

L'agent voyer en chef dresse :

A la fin de l'année, pour les chemins de grande communication et d'intérêt commun, un tableau sommaire des certificats de payement et des mandats délivrés pendant l'année pour les entreprises de travaux neufs et de grosses réparations en cours d'exécution (*modèle n° 56*);

A la fin de l'exercice : 1° une situation comparative des crédits ouverts et des dépenses faites pour les chemins de grande communication et d'intérêt commun, avec distinction des chapitres du budget sur lesquels les dépenses ont été imputées (*modèle n° 57*); 2° un état des dépenses dont il rend personnellement compte (*modèle n° 58*); 3° des états présentant, pour les chemins du département, les ressources et les dépenses de l'exercice, ainsi que la situation de ces chemins à la fin de l'année (*modèles n°s 59, 60, 61, 62*). Ces derniers états, visés par le préfet, sont adressés au Ministre de l'intérieur le 15 juillet.

CHAPITRE X.

COMPTABILITÉ DU MAIRE.

ART. 110.

Le maire est l'ordonnateur de toutes les dépenses relatives aux chemins vicinaux pour lesquelles un crédit a été ouvert au budget communal; mais il ne peut en effectuer aucune par lui-même, et il lui est interdit de disposer, autrement que par mandats sur les receveurs municipaux, des fonds affectés aux travaux des chemins vicinaux, quelle que soit l'origine de ces fonds.

ART. 111.

Tout mandat, pour être valable, devra porter sur un crédit régulièrement ouvert et énoncera l'exercice, le chapitre, les articles et paragraphes du budget auxquels il s'applique, ainsi que le titre et le montant du crédit en vertu duquel il est délivré.

Les mandats seront remis par l'ordonnateur aux créanciers des communes, sur la justification de leur individualité, ou à leurs représentants munis de titres ou de pouvoirs en due forme.

ART. 112.

Les crédits accordés pour le même exercice et le même service seront successivement ajoutés les uns aux autres et formeront, ainsi cumulés, un crédit unique par chapitre, article ou paragraphe, selon le mode d'après lequel ils auront été ouverts.

ART. 113.

Les crédits étant ouverts spécialement pour chaque nature de dépenses, les maires ne devront pas, pour quelque motif que ce soit, en changer l'affectation. Ils ne pourront non plus en outre-passer le montant par la délivrance de leurs mandats.

ART. 114.

Toutes les dépenses d'un exercice devront être mandatées depuis le 1er janvier jusqu'au 15 mars de la seconde année.

Toute créance mandatée qui n'aura pas été acquittée sur les crédits de l'exercice auquel elle se rapporte, dans les délais de la durée de cet exercice, devra être mandatée à nouveau sur les crédits reportés des exercices clos.

ART. 115.

Tout mandat émis par le maire indiquera le nombre et la nature des pièces justificatives qui s'y trouveront jointes.

ART. 116.

Au fur et à mesure de chaque opération de mandatement, il en sera tenu écriture sur deux registres ouverts à la mairie.

ART. 117.

Le premier sera désigné sous le nom de *Journal des Mandats* (*modèle n° 63*).

Le maire y inscrira tous les mandats au fur et à mesure de leur délivrance, et indiquera pour chacun d'eux : 1° son numéro d'ordre; 2° l'article du budget en vertu duquel il a été délivré; 3° la date de sa délivrance; 4° le nom de la partie prenante; 5° l'objet de la dette; 6° le montant total du mandat.

Chaque page sera additionnée et le total obtenu reporté à la page suivante, et ainsi de suite jusqu'à la clôture de l'exercice.

ART. 118.

Le second livre portera le nom de *Livre de détail* (*modèle n° 64*).

Dès que le maire recevra le budget approuvé, il ouvrira, dans le livre de détail, un compte à chaque article de crédit porté dans le budget, en suivant le même ordre d'inscription que dans le budget et en maintenant à chaque article le numéro qui lui a été attribué.

ART. 119.

Il indiquera d'abord, pour chacun des crédits, le numéro de l'article du budget ou le titre qui les a ouverts, leur libellé tel qu'il est formulé dans les budgets ou dans les autorisations supplémentaires, la date de leur ouverture et leur montant.

ART. 120.

Les mandats délivrés sur chaque crédit seront ensuite inscrits au fur et à mesure de leur délivrance. Le maire indiquera, pour chacun d'eux, le numéro qui lui aura été donné au journal, sa date, le nom de la partie prenante et le motif de la délivrance, enfin le montant, dans la colonne réservée au chemin auquel il se rapporte.

ART. 121.

Le *livre de détail* sera clos au 16 mars. Les résultats en seront résumés sur la dernière page et devront reproduire le total général des mandatements donné par le journal.

CHAPITRE XI.

COMPTABILITÉ DES RECEVEURS MUNICIPAUX.

ART. 122.

Les recettes et les dépenses communales relatives aux chemins vicinaux seront effectuées par le receveur municipal, chargé seul et sous sa responsabilité de poursuivre la rentrée de tous les revenus de la commune et de toutes les sommes qui lui seraient dues, ainsi que d'acquitter les dépenses mandatées par le maire jusqu'à concurrence des crédits régulièrement accordés.

Tous les rôles de taxes, de sous-répartition et de prestations locales devront parvenir à ce comptable par l'intermédiaire du receveur des finances.

ART. 123.

Toute personne autre que le receveur municipal qui, sans autorisation légale, se serait ingérée dans le maniement des deniers de la commune affectés aux chemins vicinaux, sera, par ce seul fait, constituée comptable; elle pourra, en outre, être poursuivie, en vertu de l'article 258 du Code pénal, comme s'étant immiscée sans titre dans des fonctions publiques.

ART. 124.

Les receveurs municipaux recouvreront les divers produits aux échéances déterminées par les titres de perception ou par l'administration et d'après le mode de recouvrement prescrit par les lois et règlements.

ART. 125.

Ils adresseront le 5 de chaque mois, aux maires des communes de leur circonscription, un état faisant connaître le montant des recouvrements effectués pendant le mois écoulé sur les ressources des chemins vicinaux (*modèle n° 65*).

ART. 126.

Le recouvrement des produits de chaque exercice devra être terminé le 31 mars de la seconde année, et le receveur municipal pourra être tenu de verser dans sa caisse, sauf à exercer personnellement son recours contre les débiteurs, le montant des restes à recouvrer, pour le recouvrement desquels il ne justifiera pas avoir fait les diligences nécessaires.

6.

ART. 127.

Les ressources créées pour le service des chemins vicinaux, quelle que soit leur origine et qu'elles consistent en argent ou en prestations en nature, ne pourront, sous aucun prétexte, être appliquées soit à des travaux étrangers à ce service, soit à l'entretien, à la réparation ou à la construction de chemins qui n'auraient pas été légalement reconnus et classés comme vicinaux.

Tout emploi, soit de fonds, soit de prestations en nature, qui serait effectué contrairement à cette règle, serait rayé des comptes et mis à la charge du comptable ou de l'ordonnateur, suivant le cas.

ART. 128.

Avant de procéder au payement des mandats délivrés par les maires, les receveurs municipaux devront s'assurer sous leur responsabilité :

1° Que la dépense porte sur un crédit régulièrement ouvert et qu'elle ne dépasse pas le montant de ce crédit;

2° Que la date de la dépense constate une dette à la charge de l'exercice auquel on l'impute, et que l'objet de cette dépense ressortit bien au service particulier que le crédit a en vue d'assurer;

3° Que les pièces justificatives, dont le tableau est donné à l'article 137, ont été produites à l'appui de la dépense.

Tout payement qui serait effectué sans l'accomplissement de ces formalités resterait à la charge du comptable.

ART. 129.

Les comptables n'ont pas qualité pour apprécier le mérite des faits auxquels se rapportent les pièces produites à l'appui de chaque mandat. Il suffit, pour garantir leur responsabilité, qu'elles soient certifiées et visées par les agents du service vicinal et par les maires, et que le mandatement concorde avec elles.

ART. 130.

Les receveurs municipaux, outre les livres généraux dont la tenue est prescrite par les instructions sur la comptabilité communale, tiendront deux registres spéciaux pour la comptabilité des chemins vicinaux.

ART. 131.

Le premier, désigné sous le nom de *Livre de détail* des recettes et des dépenses pour les chemins vicinaux (*modèle n° 6*) et destiné à présenter d'une manière distincte les opérations relatives à ce service, sera tenu par exercice. Il sera divisé en deux parties :

La première sera relative aux ressources. Le receveur municipal ouvrira un compte spécial à chacun des articles de recette admis par les budgets primitifs ou supplémentaires, ou par des autorisations spéciales, en suivant le même ordre d'inscription que dans le budget, et en maintenant à chaque article le numéro qui lui a été attribué. Il y inscrira, au fur et à mesure de leur réception, les différents titres qui lui seront adressés par les receveurs des finances, et jour par jour les recettes qu'il effectuera en numéraire, en extraits de rôles constatant les travaux effectués, ou en déclaration de retenues pour centimes additionnels. Chaque recette figurera dans la colonne du *Livre de détail* à laquelle elle s'applique.

Les ordonnances de décharge et de réduction figureront en bloc à chaque compte au-dessous des produits constatés.

La deuxième partie sera relative aux dépenses effectuées. Un compte distinct sera également ouvert pour chaque crédit inscrit au budget primitif ou additionnel, ou accordé par des autorisations spéciales, en suivant le même ordre d'inscription que dans le budget et en maintenant à chaque article le numéro qui lui aura été attribué. Le receveur municipal y inscrira, jour par jour, les diverses dépenses qu'il aura effectuées, en distinguant les différents chemins auxquels elles se rapportent.

ART. 132.

Le second registre, désigné sous le nom de *Carnet des ordonnances de dégrèvement* (*modèle n° 67*), servira à inscrire toutes les réductions et décharges prononcées dans le cours de l'exercice, sur les produits relatifs à la vicinalité. Un compte sera ouvert *pour chaque nature de produits*. Il sera totalisé le 31 mars de la seconde année, et les résultats en seront reportés sur le *Livre de détail*.

ART. 133.

Les receveurs municipaux seront tenus de rendre chaque année un compte spécial par commune, pour les opérations relatives aux chemins vicinaux qu'ils auront effectuées (*modèle n° 68*).

Ce compte, dressé à la clôture de l'exercice, sera transmis, le 5 avril au plus tard, au receveur des finances, qui, après l'avoir vérifié et certifié, le fera parvenir au préfet le 15 avril, pour tout délai.

ART. 134.

Chaque compte, formé d'après les écritures, devra présenter la *situation* du comptable d'après le compte précédent, la *totalité des opérations* faites pendant l'exercice, tant en recettes qu'en payements, et le *résultat général* des recettes et des payements à la clôture de l'exercice.

ART. 135.

Le receveur municipal transcrira littéralement sur ces comptes tous les articles de recette et de dépense ouverts par les budgets primitifs ou supplémentaires ou par des autorisations spéciales, et qui sont relatifs aux chemins vicinaux.

ART. 136.

Les recettes et les payements relatifs aux chemins vicinaux seront justifiés de la manière suivante dans les comptes communaux soumis aux conseils de préfecture ou à la Cour des comptes.

JUSTIFICATION DES RECETTES.

ART. 137.

§ 1er. — *Produit des centimes spéciaux ou des centimes extraordinaires.*

Extrait des rôles généraux ou spéciaux des contributions directes délivré par le percepteur, visé par le maire et le receveur des finances.

§ 2. — *Prestations.*

Avant apurement du rôle, copie de l'exécutoire; et, pour établir le montant des réductions, les ordonnances de décharge; après apurement, le rôle lui-même.

§ 3. — *Subventions spéciales.*

Arrêtés de fixation rendus par le conseil de préfecture ou par le préfet en conseil de préfecture, selon que ces subventions auront été réglées dans la forme des expertises ou dans celle des abonnements.

§ 4. — *Souscriptions particulières ou provenant d'associations particulières.*

Copie ou extrait de titre de souscription ou le titre lui-même appuyé de l'acceptation donnée par le préfet, et, dans le cas de réduction du titre, les ordonnances de décharge.

§ 5. — *Emprunts à la caisse des chemins vicinaux ou à toute autre caisse.*

Copie de la délibération du conseil municipal, de l'arrêté du préfet, du décret ou de la loi autorisant l'emprunt. Copie certifiée par le maire des actes qui ont réglé les conditions de l'emprunt.

§ 6. — *Aliénation de délaissés d'anciens chemins déclassés.*

Arrêté préfectoral autorisant la vente; expédition T de l'adjudication ou de l'acte de vente à l'amiable; décompte des intérêts, s'il y a lieu. Si le titre n'est pas apuré à la fin de l'exercice, il ne sera produit qu'un extrait sur papier libre, avec mention que le titre T sera produit ultérieurement.

§ 7. — *Subventions de l'État ou du département.*

Certificat du receveur des finances, visé par le maire, établissant le montant des subventions accordées.

JUSTIFICATION DES DÉPENSES.

—

ART. 138.

Toutes les pièces justificatives à produire à l'appui des mandats devront être visées par l'ordonnateur.

§ 1er. — *Prestations en nature.*

Extrait du rôle établissant le relevé des journées ou des tâches effectuées en nature, émargé par le surveillant des travaux, certifié par l'agent voyer cantonal, visé par l'agent voyer d'arrondissement et revêtu de l'attestation du maire que les travaux ont été accomplis.

§ 2. — *Travaux en régie.*

Autorisation du préfet de faire les travaux en régie, si les travaux à exécuter sur un même chemin s'élèvent à plus de 300 francs.

Et selon le cas :

S'il y a un entrepreneur à la tâche, l'état T de ses travaux ou fournitures, certifié par lui et par l'agent voyer cantonal, visé par l'agent voyer d'arrondissement.

S'il n'y a que des fournisseurs et ouvriers employés sous la surveillance du maire ou d'un agent voyer : 1° les mémoires ou factures T certifiés par les fournisseurs, par l'agent voyer cantonal et visés par l'agent voyer d'arrondissement; 2° les états nominatifs [1] des journées d'ouvriers dûment émargés pour acquit par la signature des ouvriers ou par celle de deux témoins du payement, certifiés par l'agent voyer cantonal et visés par l'agent voyer d'arrondissement; lesdits états devront indiquer distinctement, pour chaque ouvrier, le lieu des travaux, le nombre des journées de chacun, leur prix et le total revenant à chaque ouvrier. Les avances faites à un régisseur seront justifiées par lui, suivant le cas, par les pièces ci-dessus indiquées; à l'appui du premier payement, on produira, en outre, copie de l'arrêté du maire nommant le régisseur.

§ 3. — *Travaux à exécuter en vertu d'adjudication ou de marché de gré à gré.*

A l'appui du premier à-compte, décision approbative des travaux; copie ou extrait du procès-verbal d'adjudication ou du marché, non timbré, mais avec mention que l'expédition T sera fournie avec le mandat pour solde. Justification de la réalisation du cautionnement par le récépissé du receveur municipal, ou une déclaration de versement, et, suivant le cas, déclaration du maire, approuvée par le préfet, constatant qu'il n'y a pas eu lieu d'exiger ce cautionnement. Certificat T de l'agent voyer cantonal, visé par l'agent voyer d'arrondissement et le maire, constatant l'avancement des travaux et le montant de la somme à payer.

Pour les à-compte subséquents, certificat T de l'agent voyer cantonal, visé par l'agent voyer d'arrondissement, rappelant les sommes payées antérieurement et le montant du nouveau mandat à payer.

Quant au solde des travaux, expédition en due forme du procès-verbal d'adjudication ou du marché T; devis estimatif T [2]; bordereau des prix; procès-verbal de réception définitive T et décompte général, dressés par l'agent voyer cantonal et visés par l'agent voyer d'arrondissement.

Dans le cas d'adjudication à prix ferme, il n'est pas nécessaire de produire un décompte général, mais le procès-verbal de réception définitive seulement.

[1] T, si la somme à payer à l'un des ouvriers est supérieure à 10 francs.

[2] La soumission tiendra lieu du devis lorsqu'elle énoncera les quantités, les prix et les conditions d'exécution des ouvrages.

§ 4. *Indemnités relatives aux acquisitions de terrains.*

Dans tous les cas, l'arrêté préfectoral ou le décret qui prescrit l'élargissement, l'ouverture ou le redressement, et déclare les travaux d'utilité publique.

Et :

1. *S'il y a eu cession amiable par les propriétaires :*

1° Expédition ou extrait de l'acte de cession amiable relatant la transcription, approuvé par le préfet en conseil de préfecture, indiquant les précédents propriétaires et constatant que le vendeur a produit les titres qui établissent sa possession;

2° Pièces constatant la purge des hypothèques, c'est-à-dire le certificat de publication et affiches de l'acte, et le numéro du journal de l'arrondissement dans lequel l'insertion a été faite. Les publications et l'insertion devront toujours précéder la transcription;

3° Certificat du conservateur des hypothèques, délivré à l'expiration de la quinzaine de la transcription;

Lorsque l'indemnité ne dépassera pas 500 francs, les pièces relatives à la purge des hypothèques et le certificat du conservateur pourront être remplacés par une délibération du conseil municipal approuvée par le préfet, dispensant le maire de faire remplir les formalités de la purge des hypothèques; en outre, l'acte pourra ne pas indiquer les précédents propriétaires et ne pas être soumis à la transcription;

4° Certificat de payement de l'agent voyer cantonal visé par l'agent voyer d'arrondissement.

II. *S'il n'y a pas eu accord avec les propriétaires, les pièces indiquées dans le cas précédent, sauf les modifications suivantes :*

En matière d'élargissement, l'expédition ou l'extrait de l'acte de cession amiable sera remplacée par une expédition de la décision du juge de paix fixant le chiffre de l'indemnité ou par le jugement du tribunal civil, s'il y a eu appel de la sentence du juge de paix; l'une ou l'autre de ces pièces dûment transcrite à la conservation des hypothèques. Le conseil municipal pourra également dispenser de l'accomplissement des formalités de transcription et de purge des hypothèques, si l'indemnité allouée ne dépasse pas 500 francs.

En matière d'ouverture ou de redressement, l'expédition de l'acte de cession amiable sera remplacée par les pièces ci-après :

1° Copie ou extrait du jugement d'expropriation relatant textuellement la transcription;

2° Certificat du maire constatant que le jugement a été *notifié, publié et affiché*, et indiquant les époques de l'accomplissement de ces formalités;

3° Le numéro du journal dans lequel le jugement aura été inséré par extrait.

La transcription devra toujours être postérieure aux formalités de notification, de publication, d'affiche et d'insertion;

4° Certificat du greffier du tribunal qui a rendu le jugement, constatant qu'il n'y a pas eu de pourvoi dans les trois jours de la notification, ou copie de l'arrêt de rejet lorsque la Cour de cassation a été saisie;

5° Certificat du conservateur des hypothèques, délivré après l'expiration du délai de quinzaine de la transcription du jugement;

6° Copie ou extrait de la décision du jury portant fixation de l'indemnité d'expropriation;

7° Certificat du greffier du tribunal du ressort, constatant qu'il n'y a pas eu de pourvoi dans la quinzaine de la décision du jury, ou copie de l'arrêt de rejet lorsque la Cour de cassation a été saisie;

8° Certificat du maire constatant que dans les huit jours qui ont suivi l'avertissement donné en exécution de l'article 6 de la loi du 3 mai 1841, aucun tiers ne s'est fait connaître comme intéressé au règlement de l'indemnité, ou, dans le cas contraire, désignant ces tiers;

9° Certificat du maire constatant la représentation des titres réguliers qui établissent la possession et expliquent au besoin les motifs pour lesquels l'ayant droit n'est pas identiquement la personne dénommée dans le jugement d'expropriation. Dans ce dernier cas, le propriétaire réel devra produire un certificat constatant sa situation hypothécaire. Ce certificat pourra être remplacé, si l'indemnité ne dépasse pas 500 francs, par une délibération du conseil municipal, approuvée par le préfet, portant dispense de fournir cette pièce;

10° Certificat de payement délivré par l'agent voyer cantonal et visé par l'agent voyer d'arrondissement.

Si les offres faites par l'administration municipale, conformément à l'article 23 de la loi du 3 mai 1841, ont été acceptées, les pièces dont la production est prescrite par les alinéa 7° et 8° seront remplacées par l'acte d'acceptation des offres, sous forme de convention.

Tous les actes passés en vertu d'une déclaration d'utilité publique, et qui, dans les cas ordinaires, devraient être timbrés, sont exempts du timbre, mais sont visés pour timbre gratis.

NOTA. Si la propriété vendue appartient en totalité ou en partie à des mineurs, interdits, absents ou incapables, le contrat doit rappeler l'autorisation donnée par le tribunal d'accepter les offres de la commune, ou, dans le cas de cession amiable et si l'immeuble est d'une valeur qui n'excède pas 100 francs, relater la délibération du conseil municipal acceptant l'offre du tuteur de se porter fort pour le mineur et de faire ratifier la vente à sa majorité.

Pour les immeubles dotaux, on devra exiger l'autorisation donnée par le tribunal d'accepter les offres de la commune et la justification du remploi lorsqu'il est ordonné.

S'il existe des inscriptions hypothécaires ou oppositions qui empêchent le payement, le prix de vente est versé à la Caisse des dépôts et consignations en vertu d'un arrêté du maire qui est produit avec le récépissé T du préposé de la caisse et toutes les pièces énoncées ci-dessus, à l'exception de l'état des inscriptions délivrées par le conservateur. Cette pièce est remplacée par le reçu du préposé de la Caisse des dépôts, à qui elle est remise.

Il ne sera pas fait d'offres réelles toutes les fois qu'il existera des inscriptions sur les immeubles expropriés ou autres obstacles au versement des deniers entre les mains des ayants droit. (Loi du 3 mai 1841.)

§ 5. *Indemnités relatives soit à des extractions de matériaux, soit à des dépôts ou enlèvements de terre, soit à des occupations temporaires de terrains.*

Si l'indemnité a été fixée à l'amiable :

1° L'accord, visé pour timbre gratis, fait entre l'administration et le propriétaire et approuvé par le préfet ;

2° Certificat de payement délivré par l'agent voyer cantonal et visé par l'agent voyer d'arrondissement.

Si l'indemnité n'a pu être fixée à l'amiable :

1° Extrait de l'arrêté préfectoral qui autorise les extractions de matériaux ou les occupations temporaires de terrains ;

2° Arrêté du conseil de préfecture qui a fixé l'indemnité ;

3° Certificats de notification et de non-pourvoi ou arrêt du Conseil d'État ;

4° Certificat de payement délivré par l'agent voyer cantonal, visé par l'agent voyer d'arrondissement.

7.

§ 6. *Contingent de la commune dans les travaux des chemins vicinaux de grande communication et d'intérêt commun, si le contingent doit être acquitté en tout ou en partie en argent.*

Extrait de l'arrêté du préfet.

Récépissé du receveur des finances.

§ 7. *Concours dans le traitement des agents voyers.*

Extrait de l'arrêté du préfet.

Récépissé du receveur des finances.

§ 8. *Frais de confection de rôles et d'états matrices.*

Extrait de l'arrêté du préfet.

Récépissé du receveur des finances.

§ 9. *Salaire des cantonniers employés sur les chemins vicinaux ordinaires.*

Certificat de payement dressé par l'agent voyer cantonal et visé par l'agent voyer d'arrondissement, indiquant le montant du traitement des cantonniers et le nombre des journées pour le payement desquelles le mandat est délivré.

§ 10. *Travaux entrepris en commun par plusieurs communes et salaires y relatifs.*

Extrait de l'arrêté du préfet.

Récépissé du receveur des finances.

Le tout sans préjudice des titres des parties, suivant les cas.

ART. 139.

Toutes les dépenses autres que celles énoncées ci-dessus seront justifiées comme il est prescrit par les règlements sur la comptabilité communale. Un certificat de payement délivré par l'agent voyer cantonal et visé par l'agent voyer d'arrondissement devra être joint à l'appui de chaque mandat.

CHAPITRE XII.

COMPTABILITÉ DU PRÉFET.

ART. 140.

Les ressources afférentes aux travaux des chemins de grande communication et d'intérêt commun sont rattachées au budget départemental.

ART. 141.

Le préfet mandate les dépenses relatives aux chemins de grande communication et d'intérêt commun, dans la limite des crédits ouverts au budget départemental et des ordonnances délivrées par le Ministre de l'intérieur.

ART. 142.

Les mandats sont délivrés sur des modèles conformes à la formule annexée au règlement ministériel du 30 novembre 1840, sur la comptabilité publique.

ART. 143.

Indépendamment des livres journaux, du grand livre et des livres auxiliaires prescrits par les articles 299 à 302 du décret du 31 mai 1838, le préfet tient, par exercice, pour le service de la vicinalité, un livre de comptabilité divisé en quatre parties.

Chemins de grande communication.

La première partie concerne les chemins de grande communication. Elle se divise en trois sections.

La première section (*modèle n° 69 A*) se compose d'un journal sur lequel les opérations concernant les produits éventuels en argent, c'est-à-dire la fixation définitive des contingents, la délivrance des titres, des ordonnances et des mandats, et la constatation des recouvrements, sont inscrites par ordre chronologique.

Les titres et les ordonnances sont inscrits en détail sur cette section du livre. Les contingents peuvent y être portés en bloc.

La deuxième section (*modèle n° 69 B*) indique pour chaque ligne : 1° le montant détaillé des contingents et des autres ressources à recouvrer en argent ; 2° le montant des titres délivrés, avec désignation de la provenance des ressources à recouvrer ; 3° le montant des recouvrements effectués et des mandats délivrés sur produits éventuels ; 4° le montant des subventions allouées et des mandats délivrés sur les fonds départementaux et de l'État ; 5° le montant des non-valeurs accordées.

La troisième section (*modèle n° 69 C*) comprend le relevé détaillé des titres restant à délivrer à la clôture de l'exercice.

Chemins d'intérêt commun.

La seconde partie concerne les chemins d'intérêt commun. Elle est identique à la première.

Prestations.

La troisième partie (*modèle n° 69 D*) est relative aux prestations applicables aux chemins de grande communication et d'intérêt commun. Elle indique par commune : 1° le montant des prestations exigibles en argent à défaut d'option ou d'exécution ; 2° le montant des prestations effectuées en nature ; 3° le montant des titres délivrés sur prestations à recouvrer en argent à défaut d'exécution.

Dégrèvements.

La quatrième partie est relative aux dégrèvements. Elle se divise en deux sections.

La première section (*modèle n° 69 E*) concerne les dégrèvements accordés sur ressources spécialement applicables aux chemins de grande communication et d'intérêt commun.

La deuxième section (*modèle n° 69 F*) indique le montant, par ordonnance, des dégrèvements accordés sur l'ensemble des prestations et sur toutes autres ressources applicables à la petite vicinalité, avec distinction, s'il y a lieu, de la partie des non-valeurs sur prestations qui est afférente aux chemins de grande communication et d'intérêt commun.

ART. 144.

Les titres de perception des ressources éventuelles applicables aux chemins de grande communication et d'intérêt commun sont délivrés par le préfet sur une formule *modèle n° 70.* Ils sont dressés par arrondissement et indiquent l'exercice auquel appartiennent les fonds à recouvrer, la section et le paragraphe de la nomenclature des produits départementaux arrêtée de concert entre les départements de l'intérieur et des finances, ainsi que le sous-chapitre et l'article du budget départemental sous lesquels sont inscrites les dépenses que les fonds à recouvrer sont destinés à couvrir.

Lorsqu'il s'agit de prestations à recouvrer en argent à défaut d'exécution, la formule peut être remplacée par l'état, visé par l'agent voyer en chef et approuvé par le préfet, que l'agent voyer d'arrondissement doit dresser en exécution de l'article 35 du présent règlement.

La minute des titres est envoyée au trésorier payeur général, chargé de poursuivre le recouvrement des sommes dues. Un extrait ou une expédition, s'il en est besoin, en est adressé à l'agent voyer en chef.

Justification des recettes.

ART. 145.

Le préfet fournira, à l'appui des titres de recette concernant les chemins de grande communication et d'intérêt commun, les pièces exigées par le ministère de l'intérieur et celui des finances, concernant les recettes des produits éventuels départementaux.

Justification des dépenses.

ART. 146.

On produira à l'appui des mandats de payement, pour dépenses relatives aux chemins de grande communication et d'intérêt commun, les pièces indiquées, pour les dépenses départementales, dans la nomenclature annexée au règlement du 30 novembre 1840, sur la comptabilité publique. Les modifications qui pourraient être apportées à ce règlement seront applicables aux dépenses des chemins de grande communication et d'intérêt commun.

CHAPITRE XIII.

COMPTABILITÉ DU TRÉSORIER PAYEUR GÉNÉRAL.

ART. 147.

Le trésorier payeur général est chargé de recouvrer les divers produits afférents aux chemins de grande communication et d'intérêt commun.

ART. 148.

Le trésorier payeur général tient un livre (*modèle n° 71*) sur lequel il inscrit, en les distinguant, les produits destinés aux chemins de grande communication et d'intérêt commun.

Il enregistre, *au débit* des comptes relatifs aux chemins de grande communication et d'intérêt commun, le montant des sommes à recouvrer sur chaque fonds, d'après les rôles, états ou titres qui lui sont transmis par le préfet. Cet enregistrement indique la date de la réception des états, rôles ou autres titres en vertu desquels les recouvrements doivent être opérés, la nature de ces états ou titres, et le montant des sommes à recouvrer.

Le trésorier payeur général enregistre *au crédit* des comptes le montant des recouvrements effectués.

Ce livre est tenu par exercice.

ART. 149.

Indépendamment de ce livre, le trésorier payeur général tient un carnet supplémentaire sur lequel il indique ses opérations, tant en recette qu'en dépense, pour chaque ligne de grande communication et d'intérêt commun.

ART. 150.

Le trésorier payeur général dresse et fait parvenir au préfet, à la fin de chaque mois, un état comparatif (*modèle 72*) des recouvrements à faire et des recouvrements effectués pour les chemins de grande communication, et un état semblable en ce qui touche les chemins d'intérêt commun.

A la suite de ces états, le trésorier payeur général indique le montant des recouvrements effectués pour chaque ligne vicinale.

Le trésorier payeur général joint à cet envoi un relevé détaillé (*modèle n° 73*) des recouvrements opérés au profit des chemins de grande communication et d'intérêt commun. Ce relevé est distinct du relevé semblable que le trésorier payeur général doit fournir en ce qui concerne les autres produits éventuels départementaux.

Ces états et relevés font connaître l'exercice auquel appartiennent, d'après les titres de perception, les recouvrements effectués.

ART. 151.

Le recouvrement du montant des titres de perception émis au profit des chemins de grande communication et d'intérêt commun doit être opéré au 31 mars de la deuxième année de l'exercice.

S'il existe à cette époque des restes à recouvrer sur quelques-uns des produits, le trésorier payeur général rend compte et justifie au préfet des circonstances qui se sont opposées à la rentrée des reliquats. Il dresse à cet effet, pour chaque catégorie de chemins, un état (*modèle n° 74*)

contenant la désignation des débiteurs, celle des sommes dues par chacun d'eux et les motifs du non-recouvrement.

Le préfet détermine et fait inscrire sur cet état : 1° les reliquats passés
en non-valeurs; 2° les reliquats à mettre à la charge des comptables ;
3° les restes à reporter à l'exercice suivant.

ART. 152.

Lorsque les états des restes à recouvrer sont définitivement arrêtés,
le trésorier payeur général opère sur les titres de perception de l'exercice la réduction des sommes à appliquer à l'exercice suivant, et il en
prend charge comme titre de perception de ce dernier exercice.

ART. 153.

Dans la quinzaine qui suit l'époque fixée pour la clôture de l'exercice,
au point de vue du payement des mandats, le trésorier payeur général
adresse au préfet : 1° un état (*modèle n° 75*) indiquant la situation financière de chaque ligne vicinale de grande communication, au moment de
cette clôture ;

2° Un état détaillé (*modèle n° 76*) des mandats impayés au moment
de la clôture de l'exercice.

Des états semblables sont produits pour les chemins d'intérêt commun.

ART. 154.

Le trésorier payeur général fait connaître au préfet, chaque fois que
ce dernier le juge convenable, le montant, pour chaque ligne vicinale,
des titres délivrés, des recouvrements effectués, des dépenses soldées
et des mandats restant à payer.

ART. 155.

Toutes les prescriptions du présent règlement relatives à la comptabilité des chemins de grande communication et d'intérêt commun, et no-
tamment celles des articles 140 et 147, sont applicables aux chemins vicinaux ordinaires qui, sans avoir été classés parmi les chemins vicinaux
de grande communication ou d'intérêt commun, intéressent plusieurs
communes et peuvent bénéficier des dispositions de l'article 72 de la
loi du 18 juillet 1837.

CHAPITRE XIV.

CONSERVATION ET MOUVEMENT DES OBJETS APPARTENANT AU SERVICE

1° Agent voyer cantonal.

ART. 156.

L'agent voyer cantonal tient pour les chemins de grande communication et d'intérêt commun un registre d'inventaire (*modèle n° 77*) sur lequel sont inscrits tous les objets appartenant au service vicinal et existant, soit dans son bureau, soit dans les divers lieux de dépôt ou magasins.

Ce registre est divisé en quatre parties :

La première partie comprend les outils et machines (*modèle n° 77 A*);

La deuxième partie comprend les instruments de précision (*modèle n° 77 B*);

La troisième partie comprend le mobilier des bureaux (*modèle n° 77 C*);

La quatrième partie comprend les livres, cartes et dessins (*modèle n° 77 D*).

Dans chaque partie, les objets sont classés par ordre alphabétique.

ART. 157.

Les numéros d'ordre de classement des objets se continuent dans les quatre parties de l'inventaire. A cet effet, on réserve, à la suite de chaque partie et de chaque nature d'objets, le nombre de pages et de numéros d'ordre présumé nécessaire pour que le même registre puisse recevoir l'inscription de nouveaux articles pendant une période de dix ans environ.

ART. 158.

Tous les objets appartenant au service seront recensés et inscrits sur l'inventaire lors de la mise en vigueur du présent règlement.

Chaque objet nouveau sera porté ensuite sur l'inventaire au moment de l'acquisition ou de la remise qui en sera faite.

Les objets inscrits sur les trois premières parties seront marqués des lettres S V, incrustées dans le bois ou gravées sur le métal, et, autant que possible, ils porteront leur numéro de classement dans l'inventaire.

Les objets inscrits dans la quatrième partie recevront un timbre de forme circulaire avec encre noire.

ART. 159.

Lorsque des outils achetés aux frais du service seront remis à des cantonniers, ces outils seront en outre inscrits sur leurs livrets.

ART. 160.

Les objets inscrits sur l'inventaire d'une circonscription cantonale ne peuvent passer dans une autre circonscription que d'après un ordre (*modèle n° 78*) extrait d'un registre à souche tenu par l'agent voyer d'arrondissement ou l'agent voyer en chef.

L'agent voyer détenteur de l'objet qui doit être déplacé le remet à la personne désignée contre le reçu annexé à cet ordre, et il mentionne dans la colonne d'observations de son registre la date de la remise.

Si l'objet est rendu à l'agent qui l'a délivré, cet agent remet le reçu et constate la rentrée de l'objet par une nouvelle note dans la colonne d'observations.

ART. 161.

Au commencement de l'année, l'agent voyer cantonal envoie à l'agent voyer d'arrondissement :

1° Son registre d'inventaire, qui lui est retourné après que copie en a été prise dans le bureau de l'agent voyer d'arrondissement ;

2° Deux bulletins (*modèle n° 79*), l'un pour les chemins de grande communication, l'autre pour les chemins d'intérêt commun, sur lesquels sont portés les objets usés ou ne pouvant plus être utilisés et dont la vente ou la radiation est proposée.

Lorsque les bulletins sont retournés à l'agent voyer cantonal avec des annotations indiquant, soit l'autorisation de vente, soit l'ordre de faire réparer, soit toute autre mesure à prendre, celui-ci mentionne à l'encre rouge, dans la colonne d'observations de son inventaire, la suite donnée à sa proposition ; puis, au moment où il se dessaisit des objets, il biffe en rouge toutes les inscriptions qui les concernent.

8.

2° *Agent voyer d'arrondissement.*

ART. 162.

L'agent voyer d'arrondissement tient, pour l'inscription et le mouvement des objets appartenant au service vicinal, les registres suivants :

1° Un inventaire destiné à l'inscription des objets qui lui sont confiés directement et qui ne sont point affectés spécialement à une circonscription cantonale. Cet inventaire est composé conformément aux articles 156, 157 et 158 ci-dessus;

2° Une copie de chacun des inventaires des circonscriptions cantonales de son ressort. Ces copies sont mises à jour au commencement de l'année, au moyen des registres originaux communiqués par les agents voyers cantonaux et qui leur sont renvoyés aussitôt;

3° Un journal de déplacement des objets portés sur les inventaires (*modèle n° 78*), sur la souche duquel il conserve la trace des ordres donnés par lui aux agents voyers cantonaux.

ART. 163.

Les bulletins des objets dont la vente est proposée, et qui dépendent du service des chemins de grande communication et d'intérêt commun, sont vérifiés par l'agent voyer d'arrondissement et transmis avec ses propositions à l'agent voyer en chef. L'agent voyer d'arrondissement fait connaître ultérieurement à l'agent voyer cantonal les mesures ordonnées au sujet de ces bulletins.

ART. 164.

Les dépôts des objets portés sur les inventaires des agents voyers cantonaux sont vérifiés par les agents voyers d'arrondissement, aux époques fixées par l'agent voyer en chef et au moins une fois par an.

Les résultats de ces vérifications sont adressés à l'agent voyer en chef, sous forme de procès-verbaux, avec les propositions jugées nécessaires.

ART. 165.

Au commencement de l'année, l'agent d'arrondissement envoie à l'agent voyer en chef :

1° Son *registre d'inventaire*, qui lui est retourné après que la copie en a été prise;

2° Un bulletin (*modèle n° 79*) sur lequel sont portés les objets dudit inventaire usés ou ne pouvant plus être utilisés, et dont la vente ou la radiation est proposée.

3° *Agent voyer en chef.*

ART. 166.

L'agent voyer en chef tient, pour l'inscription et le mouvement des objets appartenant au service vicinal, les registres suivants :

1° Un inventaire destiné à l'inscription des objets qui lui sont confiés directement et qui ne sont point affectés spécialement à un arrondissement.

Cet inventaire est composé conformément aux articles 156, 157 et 158 ci-dessus.

2° Une copie de chacun des inventaires des agents voyers d'arrondissement. Ces copies sont mises à jour au commencement de l'année, au moyen des registres originaux communiqués par les agents voyers d'arrondissement;

3° Un journal de déplacement des objets portés sur les inventaires (*modèle n° 78*), sur la souche duquel il conserve la trace des ordres donnés par lui aux agents voyers d'arrondissement.

ART. 167.

Les bulletins des objets dont la vente ou la radiation est proposée par les agents voyers d'arrondissement, et qui dépendent du service des chemins vicinaux de grande communication ou d'intérêt commun, sont visés par l'agent voyer en chef et adressés avec ses propositions au préfet.

L'agent voyer en chef fait connaître ensuite aux agents voyers d'arrondissement les mesures prises par le préfet.

ART. 168.

Les dépôts des objets portés sur les inventaires des agents voyers d'arrondissement et des agents voyers cantonaux sont visés par l'agent voyer en chef pendant ses tournées.

MESURES À PRENDRE EN CAS DE REMPLACEMENT OU DE DÉCÈS D'UN AGENT VOYER.

ART. 169.

Lorsqu'un agent voyer est remplacé, il doit, avant son départ, procéder à la vérification des objets portés sur l'inventaire, de concert avec son successeur. Il lui en fait en même temps la remise.

Le nouvel agent donne son reçu sur une des dernières pages de l'inventaire. Il y ajoute, s'il y a lieu, des observations qui sont visées par son prédécesseur.

Un procès-verbal dressé contradictoirement entre les deux agents constate la vérification et la remise de l'inventaire et mentionne, le cas échéant, les observations faites. Ce procès-verbal est transmis immédiatement à l'agent voyer d'arrondissement, si c'est un agent voyer cantonal qui est remplacé, et à l'agent voyer en chef, si c'est un agent voyer d'arrondissement qui est remplacé. Les procès-verbaux dressés lors du remplacement des agents voyers cantonaux sont communiqués à l'agent voyer en chef toutes les fois qu'ils contiennent des observations.

ART. 170.

Lorsqu'un agent est obligé de partir avant l'arrivée de son successeur, il fait provisoirement la remise de l'inventaire : si c'est un agent voyer en chef, à l'un des agents voyers d'arrondissement; si c'est un agent voyer d'arrondissement, à l'un des agents voyers cantonaux désigné par l'agent voyer en chef; et si c'est un agent voyer cantonal, à un autre agent de même grade désigné par l'agent voyer d'arrondissement.

Cette remise est, dans tous les cas, constatée par un procès-verbal dressé comme il est dit à l'article précédent.

ART. 171.

En cas de décès d'un agent voyer, il est procédé sans délai au récolement de l'inventaire de cet agent.

L'opération est faite, savoir : par le successeur, s'il est nommé immédiatement, sinon par l'agent intérimaire, en attendant la nomination du successeur.

Il est dressé procès-verbal de cette opération, et toutes les mesures sont prises pour que les objets appartenant au service ne se trouvent pas confondus avec ceux qui dépendent de la succession de la famille.

TITRE V.

CONSERVATION ET POLICE DES CHEMINS.

———

CHAPITRE Ier.

ALIGNEMENTS ET AUTORISATIONS DIVERSES.

———

SECTION PREMIÈRE.

DISPOSITIONS GÉNÉRALES.

———

ART. 172.

Nul ne pourra, sans y être préalablement autorisé, faire aucun ouvrage de nature à intéresser la conservation de la voie publique ou la facilité de la circulation sur le sol ou le long des chemins vicinaux, et spécialement :

1° Faire sur ces chemins ou leurs dépendances aucune tranchée, ouverture, dépôt de pierres, terres, fumiers, décombres ou autres matières ;

2° Y enlever du gazon, du gravier, du sable, de la terre ou autres matériaux ;

3° Y étendre aucune espèce de produits ou matières ;

4° Y déverser des eaux quelconques, de manière à y causer des dégradations ;

5° Établir sur les fossés des barrages, écluses, passages permanents ou temporaires ;

6° Construire, reconstruire ou réparer aucun bâtiment, mur ou clôture quelconque à la limite des chemins ;

7° Ouvrir des fossés, planter des arbres, bois taillis ou haies le long desdits chemins ;

8° Établir des puits ou citernes à moins de   mètres des limites de la voie publique.

Toute demande à fin d'autorisation desdits ouvrages ou travaux devra être présentée sur papier timbré.

ART. 173.

Les autorisations, en ce qui concerne les chemins vicinaux ordinaires, seront données par le maire, sur l'avis de l'agent voyer.

ART. 174.

Dans aucun cas, les maires ne pourront donner d'autorisations verbales. Les autorisations devront faire l'objet d'un arrêté, dont une expédition sera remise aux parties intéressées.

ART. 175.

Les autorisations, en ce qui concerne les chemins de grande communication et d'intérêt commun, seront données par le préfet, sur le rapport des agents voyers, ou par le sous-préfet, sur le rapport des mêmes agents, lorsqu'il existera un plan régulièrement approuvé. (Loi du 4 mai 1864, art. 2.)

ART. 176.

Toute autorisation, de quelque nature qu'elle soit, réservera expressément les droits des tiers; elle stipulera, pour les ouvrages à établir sur la voie publique ou sur ses dépendances, l'obligation d'entretenir constamment ces ouvrages en bon état. Les arrêtés d'autorisation porteront que ces autorisations seront révocables, soit dans le cas où le permissionnaire ne remplirait pas les conditions imposées, soit si la nécessité en était reconnue dans un but d'utilité publique.

SECTION II.

CONSTRUCTIONS.

ART. 177.

Lorsqu'il sera dressé des plans d'alignement des chemins vicinaux, ces plans et projets seront déposés pendant quinze jours à la mairie de la commune; les habitants seront invités, par publications et affiches, à venir en prendre connaissance. Un registre sera ouvert pendant la quinzaine du dépôt pour recevoir leurs réclamations et observations; le conseil municipal en délibérera, et l'ensemble de ces documents sera transmis par le sous-préfet, avec son avis, au préfet, pour être statué par ce magistrat sur le rapport de l'agent voyer en chef.

ART. 178.

Lorsque les chemins vicinaux auront la largeur légale, les alignements à donner pour constructions et reconstructions seront tracés de manière à ce que l'impétrant puisse construire sur la limite séparative de sa propriété et du chemin.

Lorsque les chemins n'auront pas la largeur qui leur a été attribuée par l'arrêté de classement ou par arrêté ultérieur, les alignements pour constructions et reconstructions seront délivrés, conformément aux limites déterminées par le plan, régulièrement approuvé.

Lorsque les chemins auront plus que la largeur légale et que les propriétaires riverains seront autorisés, par mesure d'alignement, à avancer leur construction jusqu'à l'extrême limite de cette largeur, ils devront payer la valeur du sol du chemin ainsi concédé et de ses dépendances.

Cette valeur sera réglée, soit à l'amiable entre les propriétaires et l'Administration, soit à dire d'experts, par application de l'article 19 de la loi du 21 mai 1836.

L'arrêté d'alignement devra faire connaître que la prise de possession ne pourra avoir lieu qu'en vertu d'une délibération du conseil municipal, régulièrement approuvée.

ART. 179.

Tout ce qui concerne le mode d'ouverture des portes et fenêtres et les saillies de toute espèce sur les chemins vicinaux sera déterminé par un règlement spécial arrêté par le préfet. Jusqu'à ce que ce règlement ait été fait, il y sera pourvu dans chaque cas particulier, par le maire. s'il s'agit d'un chemin vicinal ordinaire, et par le préfet, s'il s'agit d'un chemin de grande communication et d'intérêt commun.

ART. 180.

Les travaux à faire à des constructions existantes le long et joignant les chemins vicinaux, sur les points où ils n'ont pas leur largeur légale, ne seront autorisés que dans le cas où ces travaux n'auront pas pour effet de consolider le mur de face.

ART. 181.

L'arrêté portant autorisation de construire ou de réparer fera connaître, si la demande en est faite par les intéressés, et dans les limites nécessaires pour assurer la circulation, l'espace que pourront occuper les échafaudages et les dépôts, et la durée de cette occupation.

ART. 182.

Lorsqu'une construction sise le long d'un chemin vicinal menacera ruine, et que la conservation en serait dangereuse pour la sûreté publique, le péril sera constaté par un agent voyer, dont le rapport sera communiqué au propriétaire avec injonction de démolir. Dans le cas où le propriétaire contesterait l'état de péril, il sera procédé à une expertise contradictoire, dans la forme prescrite par les déclarations du Roi en date des 18 juillet 1729 et 18 août 1730.

Toutefois, en cas de péril imminent, la démolition d'office des constructions pourra être ordonnée d'urgence.

ART. 183.

Les autorisations de construire ou reconstruire le long des chemins vicinaux devront stipuler les réserves et conditions nécessaires pour garantir le libre écoulement des eaux, sans qu'il en puisse résulter de dommage pour ces chemins.

SECTION III.

PLANTATIONS D'ARBRES.

ART. 184.

Aucune plantation d'arbres ne pourra être effectuée le long et joignant les chemins vicinaux qu'en observant les distances ci-après, qui seront calculées à partir de la limite extérieure soit des chemins, soit des fossés, soit des talus qui les borderaient :

Pour les arbres fruitiers,	mètres	centimètres ;
Pour les arbres forestiers,	mètres	centimètres ;
Pour les bois taillis,	mètres	centimètres ;

La distance des arbres entre eux ne pourra être inférieure à   mètres   centimètres.

ART. 185.

Les plantations faites antérieurement à la publication du présent règlement à des distances moindres que celles ci-dessus pourront être conservées, mais elles ne pourront être renouvelées qu'à la charge d'observer les distances prescrites par l'article précédent.

ART. 186.

Les plantations faites par des particuliers sur le sol des chemins vicinaux avant la publication du présent règlement pourront être conservées si les besoins de la circulation le permettent, mais elles ne pourront dans aucun cas être renouvelées.

ART. 187.

Si l'intérêt de la viabilité exigeait la destruction des plantations existant sur le sol des chemins vicinaux, les propriétaires seraient mis en
demeure, par un arrêté du maire, pour les chemins vicinaux ordinaires,
et du préfet, pour les chemins de grande communication et d'intérêt
commun, d'enlever, dans un délai déterminé, les arbres qui leur appar-
tiendraient, sauf à eux à faire valoir le droit qu'ils croiraient avoir à
une indemnité. Si les particuliers n'obtempéraient pas à cette mise en
demeure, il serait dressé un procès-verbal pour être statué par l'autorité
compétente.

ART. 188.

Les communes qui en feront la demande pourront être autorisées
par le préfet à faire des plantations sur le sol des chemins vicinaux.
Les conditions auxquelles ces plantations seront faites, l'espacement des
arbres entre eux, ainsi que la distance à observer entre les plantations
et les propriétés riveraines, seront déterminées par le préfet dans son
arrêté d'autorisation.

SECTION IV.

PLANTATION DE HAIES.

ART. 189.

Les haies vives ne pourront être plantées à moins de   centimètres
de la limite extérieure des chemins.

ART. 190.

La hauteur des haies ne devra jamais excéder   mètres, sauf les
exceptions exigées par des circonstances particulières et pour lesquelles
il sera donné des autorisations spéciales.

ART. 191.

Les haies plantées antérieurement à la publication du présent règlement à des distances moindres que celles prescrites par l'article 189 pourront être conservées, mais elles ne pourront être renouvelées qu'à la charge d'observer cette distance.

SECTION V.

ÉLAGAGE.

ART. 192.

Les arbres, les branches, les haies et les racines qui avanceraient sur le sol des chemins vicinaux seront coupés à l'aplomb des limites de ces chemins, à la diligence des propriétaires ou des fermiers.

ART. 193.

Si le propriétaire ou le fermier négligeait ou refusait de se conformer aux prescriptions qui précèdent, il en serait dressé procès-verbal pour être statué par l'autorité compétente.

SECTION VI.

FOSSÉS APPARTENANT À DES PARTICULIERS.

ART. 194.

Les propriétaires riverains ne pourront ouvrir de fossés le long d'un chemin vicinal à moins de   centimètres de la limite du chemin. Ces fossés devront avoir un talus d'un mètre de base au moins pour un mètre de hauteur.

ART. 195.

Tout propriétaire qui aura fait ouvrir des fossés sur son terrain, le long d'un chemin vicinal, devra entretenir ces fossés de manière à empêcher que les eaux nuisent à la viabilité du chemin.

ART. 196.

Si les fossés ouverts par des particuliers sur leur terrain, le long d'un chemin vicinal, avaient une profondeur telle qu'elle pût présenter des dangers pour la circulation, les propriétaires seront tenus de prendre les dispositions qui leur seront prescrites pour assurer la sécurité du passage : injonction leur sera faite, à cet effet, par arrêté du maire ou du préfet, selon le cas.

SECTION VII.

ÉTABLISSEMENT D'OUVRAGES DIVERS JOIGNANT OU TRAVERSANT LA VOIE PUBLIQUE.

ART. 197.

Les autorisations pour l'établissement, par les propriétaires riverains, d'aqueducs et de ponceaux sur les fossés des chemins vicinaux régleront le mode de construction, les dimensions à donner aux ouvrages et les matériaux à employer; elles stipuleront toujours la charge de l'entretien par l'impétrant et le retrait de l'autorisation donnée dans le cas où les conditions posées ne seraient pas remplies, ou s'il était reconnu que ces ouvrages nuisent à l'écoulement des eaux ou à la circulation.

ART. 198.

Les autorisations de conduire les eaux d'un côté à l'autre du chemin prescriront le mode de construction et les dimensions des travaux à effectuer par les pétitionnaires.

ART. 199.

Les autorisations pour l'établissement de communications devant traverser les chemins vicinaux indiqueront les mesures à prendre pour assurer la facilité et la sécurité de la circulation.

ART. 200.

Les autorisations pour l'établissement de barrages ou écluses sur les fossés des chemins ne seront données que lorsque la surélévation des eaux ne pourra nuire au bon état de la voie publique. Elles prescriront les mesures nécessaires pour que les chemins ne puissent jamais être submergés. Elles seront toujours révocables sans indemnité si les travaux étaient reconnus nuisibles à la viabilité.

CHAPITRE II.

MESURES DE POLICE ET DE CONSERVATION.

SECTION PREMIÈRE.

DISPOSITIONS GÉNÉRALES.

ART. 201.

Il est défendu d'une manière absolue :

1° De laisser stationner, sans nécessité, sur les chemins vicinaux et leurs dépendances aucune voiture, machine ou instrument aratoire, ni aucun troupeau, bête de somme ou de trait;

2° De mutiler les arbres qui y sont plantés, de dégrader les bornes, poteaux et tableaux indicateurs, parapets des ponts et autres ouvrages;

3° De les dépaver;

4° D'enlever les pierres, les fers, bois et autres matériaux destinés aux travaux ou déjà mis en œuvre;

5° D'y jeter des pierres ou autres matières provenant des terrains voisins;

6° De les parcourir avec des instruments aratoires, sans avoir pris les précautions nécessaires pour éviter toute dégradation;

7° De détériorer les berges, talus, fossés ou les marques indicatives de leur largeur;

8° De labourer ou cultiver leur sol;

9° D'y faire ou d'y laisser paître aucune espèce d'animaux;

10° De mettre rouir le chanvre dans les fossés;

11° D'y faire aucune anticipation ou usurpation ou aucun ouvrage qui puisse apporter un empêchement au libre écoulement des eaux;

12° D'établir aucune excavation ou construction sous la voie publique ou ses dépendances.

ART. 202.

Les propriétaires des terrains supérieurs bordant les chemins vicinaux sont tenus d'entretenir toujours en bon état les revêtements ou les murs construits par eux et destinés à soutenir ces terrains.

ART. 203.

Si la circulation sur un chemin vicinal venait à être interceptée par une œuvre quelconque, le maire y pourvoirait d'urgence.

En conséquence, après une simple sommation administrative, l'œuvre serait détruite d'office et les lieux rétablis dans leur ancien état, aux frais et risques de qui il appartiendrait et sans préjudice des poursuites à exercer contre qui de droit.

SECTION II.

ÉCOULEMENT NATUREL DES EAUX.

—

ART. 204.

Les propriétés riveraines situées en contre-bas des chemins vicinaux sont assujetties, aux termes de l'article 640 du Code Napoléon, à recevoir les eaux qui découlent naturellement de ces chemins.

Les propriétaires de ces terrains ne pourront faire aucune œuvre qui tende à empêcher le libre écoulement des eaux qu'ils sont tenus de recevoir et à les faire séjourner dans les fossés ou refluer sur le sol du chemin.

ART. 205.

L'autorisation de transporter les eaux d'un côté à l'autre d'un chemin vicinal ne sera donnée que sous la réserve des droits des tiers. Il y sera toujours stipulé, pour l'Administration, la faculté de faire supprimer les constructions faites, si elles étaient mal entretenues ou si elles devenaient nuisibles à la viabilité du chemin.

SECTION III.

MESURES AYANT POUR OBJET LA SÛRETÉ DES VOYAGEURS.

—

ART. 206.

Il est interdit de pratiquer, dans le voisinage des chemins vicinaux, des excavations de quelque nature que ce soit, si ce n'est aux distances ci-après déterminées, à partir de la limite desdits chemins, savoir :

      Pour les carrières et galeries souterraines. . . .   mètres;

      Les carrières à ciel ouvert. . . . .   mètres,

      Les mares publiques ou particulières. . . . . . .   mètres.

Les propriétaires de toutes excavations pourront être tenus de les couvrir ou de les entourer de clôtures propres à prévenir tout danger pour les voyageurs.

ART. 207.

Les maires veilleront à la solidité des constructions bordant les chemins vicinaux et prendront les mesures nécessaires pour sauvegarder la sécurité des passants.

DISPOSITIONS FINALES.

MM. les sous-préfets, maires, adjoints, commissaires de police, gendarmes, directeurs et contrôleurs des contributions directes, percepteurs, receveurs municipaux, agents voyers et gardes champêtres sont chargés, chacun en ce qui le concerne, de l'exécution du présent arrêté réglementaire, qui sera inséré au recueil des actes administratifs de la préfecture et publié dans toutes les communes du département, aussitôt après son approbation par M. le Ministre de l'intérieur.

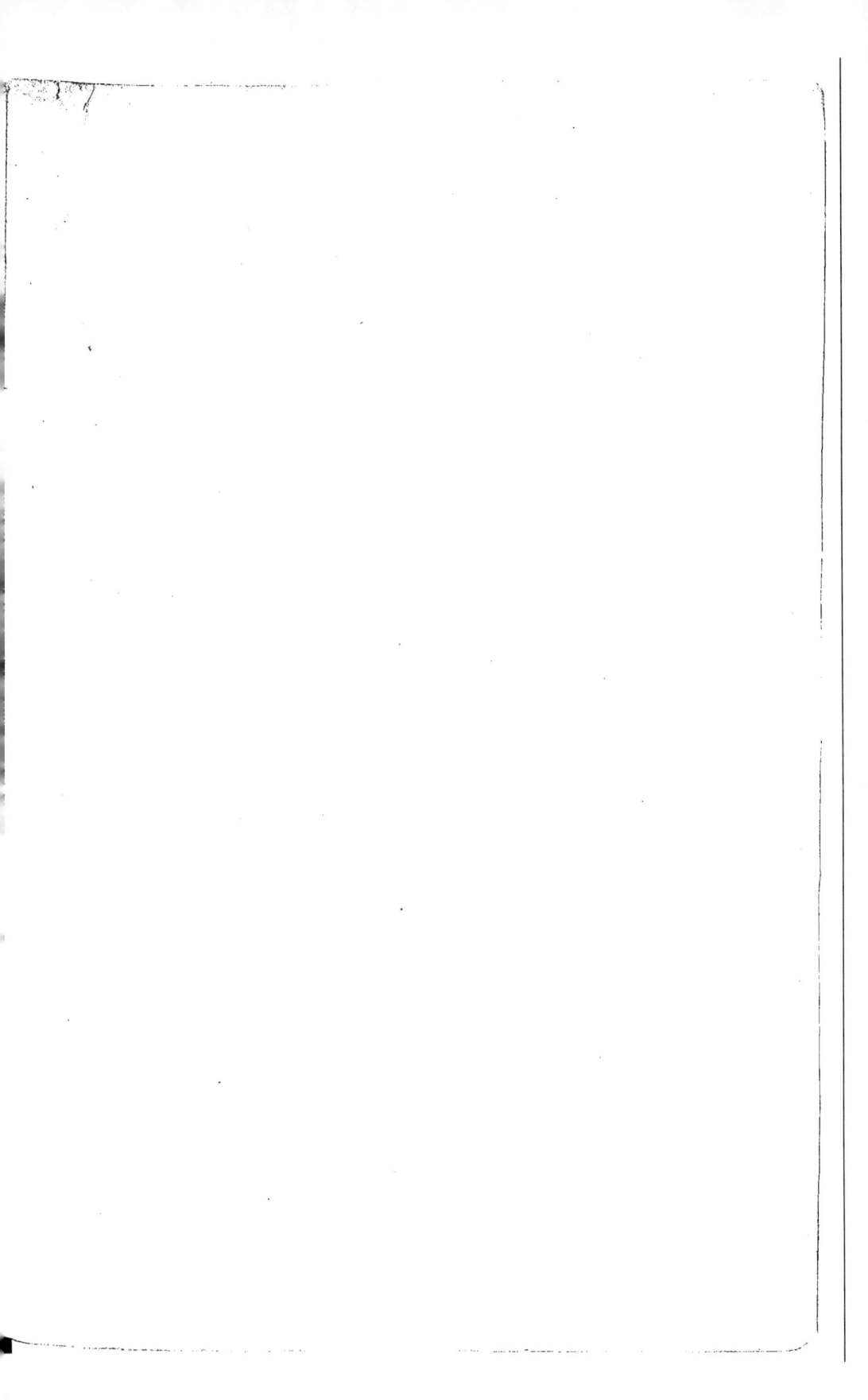

www.ingramcontent.com/pod-product-compliance
Lightning Source LLC
Chambersburg PA
CBHW070930280326
41934CB00009B/1819